Musa Güner

Die Ursprünge des Zaza-Volkes basierend auf DNA

Kulturwissenschaft / Cultural Studies
Estudios Culturales / Études Culturelles

Band / Volume 68

Musa Güner

Die Ursprünge des Zaza-Volkes basierend auf DNA

Die Geschichte des unbekannten Zaza-Volkes

Alle Abbildungen (Bilder, Karten, Diagramme und Zeichnungen) stammen vom Autor.

Bibliografische Information der Deutschen Nationalbibliothek
Die Deutsche Nationalbibliothek verzeichnet diese Publikation in der Deutschen Nationalbibliografie; detaillierte bibliografische Daten sind im Internet über http://dnb.dnb.de abrufbar.

ISBN 978-3-643-25042-1 (br.)
ISBN 978-3-643-45042-5 (PDF)

Verlagskontakt:
Fresnostr. 2 D-48159 Münster
Tel. +49 (0) 2 51-62 03 20
E-Mail: lit@lit-verlag.de https://www.lit-verlag.de

Auslieferung:
Deutschland: LIT Verlag, Fresnostr. 2, D-48159 Münster
Tel. +49 (0) 2 51-620 32 22, E-Mail: vertrieb@lit-verlag.de

Inhaltsverzeichnis

Andere Werke von Musa Güner

Zaza People's Origin Based on DNA, *Nobel Akademik Yayıncılık 2021*

DNA'ya Dayalı Zazaların Kökeni, *Festival Yayıncılık 2021*

Zazafolkets ursprung baserat på DNA, *Förlag Musa Güner 2021*

Svensk-Turkisk Parlör, *Förlag Musa Güner 2015*

Svensk-Turkisk / Turkisk-Svensk Fickordbok, *Förlag Musa Güner 2014*

Turkisk-Svensk / Svensk-Turkisk Ordbok, *Förlag Musa Güner 2011*

Turkisk-Svenskt Lexikon, *Förlag Musa Güner 2009*

Svensk-Turkiskt Lexikon, *Förlag Musa Güner 2004*

Turkisk Grammatik, *Förlag Musa Güner 1997*

Svensk-Turkisk / Turkisk-Svensk Handordbok, *Bokförlaget Corona AB 1992*

Turkisk-Svensk Ordbok, *Studentlitteratur AB 1985*

Svensk-Turkisk Ordbok, *Studentlitteratur AB 1984*

Geochemistry and Tectonic Significance of Altered Basaltoids from the Pontic Ranges, Turkey, *Geologische Rundschau 1983*

A Paleomagnetic Study of Some Basaltoids and Ores from the Pontic Ranges, Turkey, *Tectonophysics 1982*

Turkisk-Svensk Ordbok, *Förlag Musa Güner 1981*

Geology and Massive Sulphide Ore of the Küre Area, the Pontic Ranges, Turkey, *MTA 1980*

A Note on Chrome Spinels and Ore Minerals from the Küre Area, Turkey, *MTA 1979*

Svensk-Turkisk Ordbok, *Förlag Musa Güner 1976*

VORWORT

Die stärkste treibende Kraft hinter der Forschung, die ich vorstelle, ist der Wunsch, die Geschichte des Zaza-Volkes zu dokumentieren. Alle Menschen sind an ihre eigene Umgebung gebunden. Niemand schafft es, die Gerechtigkeitsstücke zwischen den Kontinenten zu tragen und ihre Geschichten zu einem vollständigen Ganzen zusammenzufügen. Der Historiker muss zunächst Anleihen beim DNA-Forscher, Archäologen, Geologen, Anthropologen und Linguisten machen. Längst wurde darüber nachgedacht, dass sich der Historiker mit den Spuren in der Schrift begnügen sollte, damit eine Geschichte tatsächlich mit der Schreibkunst und den erhaltenen schriftlichen Dokumenten beginnt. Was der Keilschrift und den Hieroglyphen vorausgeht, sollte den Archäologen überlassen bleiben, sie zu rekonstruieren und zu interpretieren. Ein anschauliches Praxisbeispiel, das konkrete Hinweise zum Lesen und Interpretieren der wichtigsten Quellen gibt.

Seit den 2000er Jahren hat die DNA-Technologie eine außergewöhnliche Entwicklung durchgemacht. Sie hat die Arbeit der Forensiker sowie der biologischen und medizinischen Forschung revolutioniert und in den letzten Jahren begonnen, zu neuen Erkenntnissen in der Archäologie und Geschichte beizutragen. Sogar Genealogen haben begonnen, die DNA als Werkzeug zu verwenden. Mithilfe kleiner Variationen in der DNA-Sequenz ist es heute möglich, Cousins, Cousins zweiten Grades und Cousins dritten Grades und sogar Verwandte zu finden, die vor sehr langer Zeit gelebt haben. DNA-Tests können helfen, faszinierende Familiengeschichten zu entdecken und die schwierigsten Familienrätsel zu lösen. Viele spannende Herausforderungen und interessante Entdeckungen warten auf Sie, wenn Sie die aufregende Welt der DNA-Genealogie betreten. Man findet garantiert unbekannte Verwandte, die sich zu neuen netten Ahnenforschungsfreunden entwickeln können.

Die Ursprünge des Zaza-Volkes basierend auf DNA

In diesem Werk habe ich versucht, eine DNA-Diagnose des Zaza-Volkes zu präsentieren. Damit soll die enorme Vielfalt und Reichweite der DNA-Arbeit aufgezeigt werden. DNA ist der Baum der undefinierten ethnischen Gruppen. Die effektive Isolation hat dem Zaza-Volk ihre eigene DNA gegeben. Es zeigt, dass Exklusivität und Endogamie im Kernland der DNA der Zaza ihre eigene Besonderheit verliehen haben. DNA, Sprachen, Migrationen, religiöse Umgebungen, Lebensgewohnheiten, Landwirtschaft und kulturelle Aktivitäten sind jedes Puzzleteil, das zum Wissen über die Ursprünge des alten Zaza-Volkes beiträgt. Die Begründung dafür ist eine kreative Art und Weise, unsere alten Ursprünge zu erforschen.

Die Initiative zu ergreifen, in den Weg des Zaza-Volkes durch die Geschichte einzutauchen, ist ein schwindelerregender Gedanke. Die Zazas (Zazaer) und Aleviten (Alevier) in der Türkei lebten in einer Stammesgesellschaft und praktizierten strikte **Endogamie**. Tatsächlich sind wir eingeheiratete Zazas, es reicht aus, 2.000 Jahre zurückzugehen, damit die Zaza-Volk einen gemeinsamen Vorfahren finden. Der Schlüssel zum Finden der Beziehung zwischen DNA-Matches liegt im Vergleich unserer Heimatregionen, dem Kernland **„Zazadiyar“**. Das Phänomen ist in Gebieten verbreitet, in denen die Familien besonders eingeheiratet und eng miteinander verwandt sind, zum Beispiel in den Provinzen Tunceli, Erzincan, Bingöl und Muş. DNA-Tests zeigen mit faszinierender Klarheit die Verwandtschaft, die uns Zaza-Stämme miteinander verbindet. Mehr als 8.500 potenzielle DNA-Verwandte erschienen. DNA-Tests zeigen, wie eng wir verwandt sind. Die Herausforderung für mich besteht darin, genau herauszufinden, wie wir verwandt sind.

Bereits 1962 beschloss ich, mein Leben der Suche nach meiner Herkunft zu widmen. Ich erfuhr von meiner Abstammung, nachdem ich sechs DNA-Tests ausprobiert hatte. Das Ergebnis kann je nach verwendetem Testunternehmen stark variieren. Es geht nicht nur darum, zu verstehen, woher meine genetische Abstammung kommt, sondern auch um zu sehen, wie eng wir alle Zazas miteinander verbunden sind. Meine Benutzererfahrung und meine Ergebnisse waren für jedes Unternehmen sehr unterschiedlich. Die Ergebnisse sind generisch und die ethnischen Kategorien sind zu breit gefasst.

Musa Güner, Malmö 2021

VORGESCHICHTE

Auf der Hochebene Ostanatoliens, wo der Eroberungszug der Hochkulturen nie erreicht wurde, lebten die unausgesprochenen das Volk der Zaza. Die meisten Bergdörfer sind von der Außenwelt abgeschnitten, aber das Tiefland war schon immer Schauplatz von Invasionen verschiedener Reiche.

Die Gegend hat keine Geschichte, aber viele Parallelgeschichten. Die wahre Geschichte des Zaza-Volkes ist für die Nachwelt unzugänglich, und in Ostanatolien ist das Leben noch wenig bekannt. Infolgedessen fand es keinen Platz in der türkischen Geschichte, weil die Völker nie ein eigenes Land hatten.

Das Kernland erstreckt sich bis zum oberen Euphrat, nordwestlich des **Vansees** und umfasst die Provinzen Muş, Bingöl und Tunceli. Das bedeutet, dass die älteste Geschichte des Zaza-Volkes in den Quellbächen von Euphrat und Tigris zu finden ist. Diese alten Völker leben hier, seit Sie wissen. Sie haben keine Geschichte im hurritischen, hethitischen und sumerischen Sinne. Die Zaza-Völker hatten nie eine geschriebene Sprache, daher haben sie keine geschriebene Literatur hinterlassen, sondern nur einige Steingravierungen (Steinkunst). Die Sprache überlebte durch die gesprochene Sprache.

Bild 1. Steinkunst ca. 2000 v. Chr. – Ostanatolien

Die Nachwelt weiß wenig über ihre Sprache und ihr politisches Leben. Diese alten Völker lebten während der ungeschriebenen Jahrhunderte und ihre Namen sind für die Nachwelt uninteressant. Da es sich um eine Transkription aus einem fremden Alphabet handelt, sollten beide Teile funktionieren. Schließlich sagen die Quellen auch nichts über die Beziehung der Zazas zu anderen Völkern in der Gegend. Über die alten Schicksale dieser Völker ist der Nachwelt nicht viel bekannt. Völlig anonym war das Leben im Kernland „Zazadiyar". Das häufige Wort „Diyar" in der zazaischen Sprache ist ein Ausdruck von Land. Diyar-î Bekir zum Beispiel ist Nordmesopotamien und Diyar-î Rabya ist Ostanatolien.

Es gibt keine antiken Überreste der alten Kulturen. Es gibt auch keine historischen Wahrzeichen. **Göbekli Tepe** (9600 v. Chr.) und **Çayönü** (8630 v. Chr.) in Ostanatolien wurden jedoch erst 1963 entdeckt, was den Kern eines aufkommenden Kultes bildete.

In weiten Teilen des bewaldeten Ostanatoliens ist der sonnengetrocknete Ziegelstein **„kerpiç"** der Baustoff. Aufgrund seiner geringen Witterungs- und Windbeständigkeit und der Notwendigkeit, ständig neue Häuser auf den Resten der alten Häuser zu bauen, verursacht es die großen „Höyük"-Formationen, die den Ort der alten Siedlungen markieren. Das Baumaterial besteht aus sonnengetrockneten Ziegeln mit Häcksel und Mörtel, die aus schlammiger Erde und Lehmfugen bestanden. Das Häcksel (Strohmaterial dient als Verstärkung) dient dazu, dass es beim Trocknen von Ziegeln nicht reißt, und wirkt auch

Bild 2. Göbekli Tepe 9600 v. Chr. – Ostanatolien

als Bindemittel. Auf die gleiche Weise wurden die prähistorischen Werke des Turms von Babel und die Hängenden Gärten der Semiramis in Mesopotamien sowie die Pyramiden von Mastaba in Ägypten errichtet.

Anatolien war das Land der alten Hethiter. Frühe Bewohner kamen wahrscheinlich von Norden und Westen in das Gebiet, und im Süden und Osten befanden sich die frühen Zivilisationen im fruchtbaren Halbmond. Wie eine Brücke zwischen Europa und Asien lag dieses Gebiet an der Kreuzung von Handelsrouten, Armeen und Reichen und erlebte das Kommen und Gehen der Sumerer, Perser, Griechen und Römer. Das Kernland der Zazas selbst wurde von alten Einwanderervölkern überfallen, darunter die Hurriter, Meder, Urartäer, Kimmerer und Skythen aus den kaukasischen Regionen.

Das Schicksal Ostanatoliens um 1800 v. Chr. ist mit den großen Siedlungen in der Region zwischen Hurritern und Hethitern verbunden. Jede Stadt oder jeder Stadtstaat lebte sein eigenes Leben, wenn auch in ständiger friedlicher und kriegerischer Interaktion mit anderen. Während der sumerischen Ära waren die Kontakte zwischen den Nachbarvölkern und den Hochkulturen des Nordens, Ostens und Westens schleppend. Die Sumerer verschwinden um 1500 v. Chr. aus der Geschichte, aber ihre Sprache überlebt als heilige Sprache der Literatur und Religion.

Bild 3. „Kerpiç"-Haus – Erzincan

GEOGRAFIE DES KERNLANDES

Ostanatolien ist weitgehend von Berglandschaften geprägt. Die Geografie ist in die zwei Geländezustände Hochebene und Tiefebene unterteilt. Das Kernland besteht zu 70 % aus Bergen, 25 % Hochebene und 5 % Ebene. Trotz der geringen Fläche des Gebiets weist Zazadiyar eine der abwechslungsreichsten Topographien in Ostanatolien auf. Die Felsformation bildet eine unzugängliche Alpenlandschaft mit robusten Felswänden und etwas Vegetation. Hohe Berge und tiefe Talmulden dominieren das Kernland. Die Berge sind kahl mit einer Höhe von 2.500 bis 3.500 Metern über dem Meeresspiegel und die Täler sind baumlos mit gebetteten Schwemmlandablagerungen. Die Talsohlen zeugen davon, dass die Sumpffelder für Mensch und Tier nicht befahrbar sind. In der Umgebung ist das Straßennetz nicht ausgebaut. Die Straßen rund um die Bergdörfer waren unwegsam und zerklüftet und die Ebenen straßenlos. In einigen Dörfern war es möglich, mit **Ochsenkarren** zu reisen, und in anderen Dörfern war der Transport nur mit **Eseln** möglich.

Bild 4. Die Provinzen der Türkei

Aufgrund der großen Höhenunterschiede in der Umgebung, in Kombination mit dem fehlenden Straßennetz, sind viele kleine Bergdörfer im Winter von der Außenwelt abgeschottet. In Zazadiyar ist der Winter für seine Kälte, Regen und Schneefälle bekannt, die in den meisten Gebieten mehr als 6 Monate andauern, mit großen Unterschieden zwischen dem Hochland und den Ebenen. Die Winter sind sehr kalt (bis -30 Grad) und durch 3–4 Meter hohen Schnee gekennzeichnet. Viele Dorfbewohner sterben bei Schneelawinen. Die Sommer sind sehr heiß (bis zu 40 Grad) und 6 Monate lang ohne Regen.

Bei Schneestürmen trauen sich die Dorfbewohner nicht hinaus, um ihre täglichen Beschäftigungen zu erledigen, und viele Wanderer erleiden Erstickungsunfälle. Der Schnee versorgt die Flüsse mit Wasser. Heftige Regenschauer spülen den gesamten Mutterboden an Hängen weg und von steilen Klippen mit Stein und Kies schnitzen die Schluchten. Das stromabwärts liegende kolloidale Schlammmaterial fällt nach einer Strecke von 2.800 km bei Schatt al-Arab im Persischen Golf aus. Die Mündungen von Euphrat und Tigris waren getrennt und lagen weiter nördlich als in der Neuzeit, als der Flussschlamm Buchten und Lagunen gefüllt und die Küstenlinie weiter in den Persischen Golf hinausgeschoben hat. Schmelzwasser verursacht viele Überschwemmungen im Flachland. Die Überquerung der gewaltsamen Quellflüsse ist ein Kampf um Leben und Tod.

Die Munzur-Bergketten sind eine Fortsetzung des Taurus-Gebirges im Osten und bilden die Grenze zu den ostanatolischen Provinzen Tunceli und Erzincan. Es erstreckt sich von Kemaliye in Ost-West-Richtung über etwa 130 km. Die zentrale Nord-Süd-Achse liegt

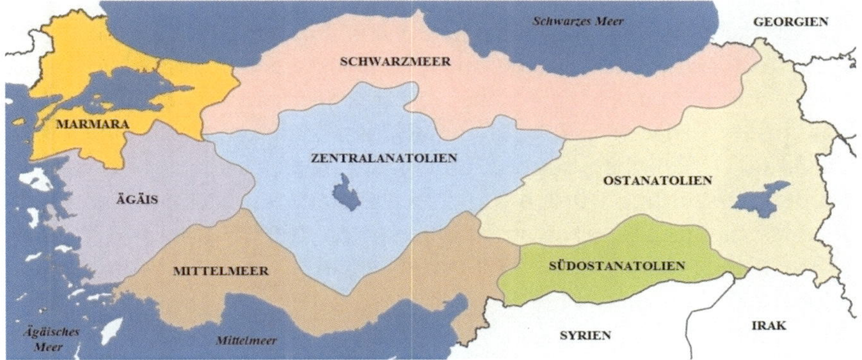

Bild 5. Die Regionen der Türkei

etwa zwischen den Städten Erzincan und Tunceli. Hier sind die Berge rund 30 km breit. Die Mercan-Bergketten basieren auf derselben Gebirgskette im Osten und erreichen eine Höhe von 3.292 Metern. Die Munzur-Täler erheben sich südlich bis Ovacık und gehen in das Pülümür-Tal über.

Die geologische Struktur des Munzur-Gebirges besteht hauptsächlich aus kalkigen, opholithischen und Sedimentgesteinen, die metamorphosiert wurden. Der Aufbau des Gebirges wird durch die Traktion der ophiolithischen Gesteine und ihrer Kalksteine im Norden über die Sedimente im Süden bestimmt. Die nordanatolische Verwerfung und die palästinensische Verwerfung treffen in Erzincan aufeinander. Sie verläuft von den Dardanellen bis ins Zentrum des Iran. Der Euphrat fließt durch die nordanatolische Störungszone.

Bild 6. Der Eupfrat und Karanlık Kanyon – Kemaliye/Erzincan

Erzincan ist ein sehr von Erdbeben heimgesuchtes Gebiet der Welt. Aufgrund der stärksten und ununterbrochenen Erdbeben in Erzincan dürfen Häuser nicht höher als drei Stockwerke gebaut werden. Das größte Erdbeben, **7,9** auf der Richterskala, ereignete sich **1939**, als **33.000** Menschen starben und **4.125** Menschen schwer verletzt wurden. Insgesamt wurden **116.720** Gebäude eingeebnet. Im Laufe der Geschichte hat Erzincan in den Jahren 1268, 1458, 1482, 1484, 1784, 1788, 1890, 1930, 1939, 1941, 1967 und 1992 verheerende schwere Erdbeben erlebt.

DIE ZAZAISCHE SPRACHE

Das Volk der Zaza hat eine eigenständige Sprache, **Zazaisch**, in der zazaischen Sprache **Zazaki** oder **Zone Ma**, die zum iranischen Zweig der indoeuropäischen Sprachen der **Satem-Sprache** Indo-Iran gehört. Laut den Linguisten B. Peter Lerch 1856 und Ferdinand Justi 1880 ähnelt die zazaische Sprache der ausgestorbenen (700 v. Chr.) mitteliranischen Sprache Parthisch. Dies bestätigten die Deutsch-Iraner Oskar Mann und Karl Hadank 1932 mit ihren zahlreichen Untersuchungen, aus denen die erste umfangreiche wissenschaftliche zazaische Grammatik mit dem Titel „Mundarten der Zaza" entstand. Laut dem Sprachwissenschaftler Jost Gippert und seinem Werk „Historical Development of Zazaic – 1996" ist Zazaisch Altpersisch aus 4.000 Jahren. Ein historischer Beweis für die Behauptung ist eine armenische Schrift aus dem Jahr 140 n. Chr., ein Duplikat einer älteren Schrift, die christliche Gebete in sieben Sprachen enthält und bei der eine der Sprachen „Die medische Sprache" heißt. Es ist in der

Bild 7. Geografische Verbreitung der iranischen Sprache

Sprache geschrieben, die wir heute als nordzazaischen Dialekt **Kırmançkî** kennen. Dieses Werk ist möglicherweise das älteste erhaltene zazaische Dokument.

Die Grammatik ist sehr schwach flexibel mit einigen agglutinierenden Elementen, hat eine gespaltene Ergativität in ihrer Morphologie. Die Sprache wird von Diphthongen dominiert. Sumerisch, Elamisch, Hethitisch, Hurritisch, Urartäisch, Zazaisch, Persisch, Kurdisch und Türkisch haben die grundlegende Wortfolge **SOV-Sprache**, Subjekt-Objekt-Verb. Etwa 47 % der Sprachen der Erde sind SOV-Sprachen, darunter Deutsch, Niederländisch, klassisches Latein, Persisch, Türkisch, Kurdisch, Zazaisch, Armenisch, Japanisch, Koreanisch und so weiter. Ein Satz wie „der Jäger tötete den Löwen" wird mit der zazaischen Formulierung „sayderi şêr kişt" – „sayderi (Subjekt) şêr (Objekt) kişt (Prädikat)". Englisch ist eine SVO-Sprache,

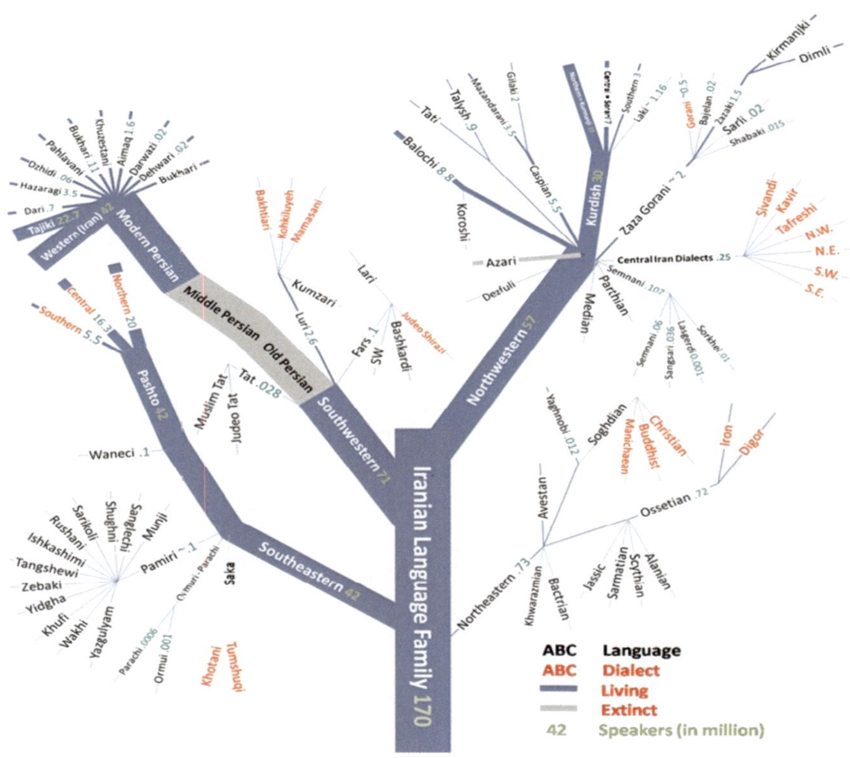

Bild 8. Die iranische Sprachfamilie

Subjekt-Verb-Objekt, aber wenn es eine SOV-Sprache wäre, wäre der Satz „der Jäger tötete den Löwen“ „der Jäger, der Löwe tötete“.

Zazaische Dialekte sind nach Provinzen unterteilt. Zazaisch bildet drei Soziolekte – Nordzazaisch **Kırmançkî**, Südzazaisch **Dımılî** und Zentralzazaisch **Kırdkî**. Der größte Dialekt ist Kırmançkî, der etwa 55 % der Zaza-Sprecher ausmacht. Es wird geschätzt, dass die Dialekte Kırdkî etwa 30 % und Dımılî etwa 15 % entsprechen. Die Dialekte unterscheiden sich typischerweise unter anderem in Bezug auf Flexionsmorphologie, Wortschatz und Tonalität.

Es herrscht große Unsicherheit darüber, was die Zazas in ihrer eigenen Sprache ausdrücken möchten. Mit etwas Vorsicht kann man die Soziolekte jedoch an verschiedenen Stellen wie folgt anwinkeln: Tunceli (Dersim) „Zazaki, Kurmanc, Kırdkî, Here-Were“, Erzincan „Kırmançkî“, Siverek „Dımılî“, Bingöl „Kırmançkî, Kırdaşkî, Here-Were“, Muş (Varto) „Zone Ma, Kırdaşkî“, Elazığ und Adıyaman „Kırdkî, Here-Were“, Diyarbakır und Mardin „Dımılkî“, Sivas (Zara, İmranlı, Kangal) „Kurmanc, Here-Were“, Kelkit „Kırmançkî“ und Kemah „Kırmançkî, Kırdaşkî, Kırdkî“.

Zazaisch unterscheidet sich deutlich vom Kurdischen. Diejenigen, die glauben, Zazaisch sei ein kurdischer Dialekt, wurden getäuscht. Die Zahlwörter in Zazaisch weichen komplett vom Muster der kurdischen Sprachen ab und dies ist eines der bedeutendsten Argumente gegen die Verwandtschaft mit den kurdischen Dialekten. In Zazaisch kommen die Buchstaben **ğ**, **ı** und **u** oft in einem Wort vor, das fehlt im Kurdischen. Eine ganz eigene Sprachgruppe **Kırdaşkî** wird von den alevitischen Kurden in Ostanatolien gesprochen. Viele Zazas in den

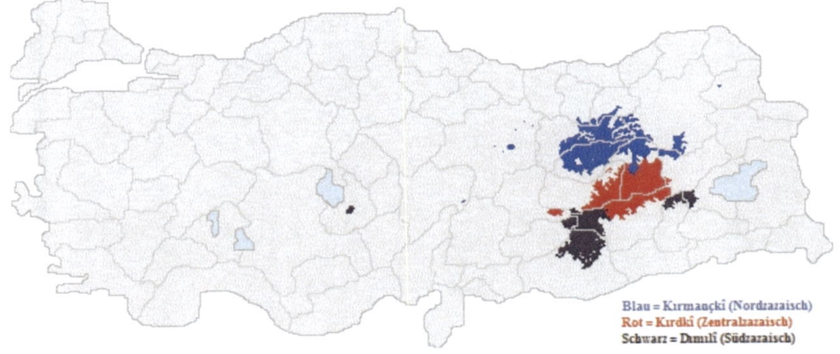

Bild 9. Zazaische Dialekte in der Türkei

verschiedenen Provinzen haben jedoch Kırdaşkî als Muttersprache.

Sprachlich ist Zazaisch eng mit **Goranî** verwandt. Die Goranî-Sprachheimat liegt im östlichen Teil des Zagros-Gebirges im Nordwesten des Iran. Der Unterschied zwischen Zazaisch und Kurdisch ist der gleiche wie zwischen Schwedisch und Niederländisch. Der Unterschied zwischen Zazaisch und Kırdaşkî ist der gleiche wie zwischen Schwedisch und Dänisch. Kırdaşkî ist eng mit Zazaisch verwandt und weitgehend gegenseitig verständlich.

Beispiele für die Zahlwörter **1–10** in gesprochenen Sprachen in Zazaisch und Kurdisch:

Zazaisch: Zu, Dide, Hire, Câr, Ponc, Ses, Hauet, Heişt, Neu, Des.
Kurdisch: Yek, Du, Sê, Çar, Pênc, Şeş, Heft, Heşt, Ne, Deh.

Beispiele einiger Wörter zwischen Zazaisch und Kurdisch zum Vergleich:

Zazaisch	**Kurdisch**	**Deutsch**
vatene	gotın	sagen/meinen
amaene	hatın	kommen/ankommen
şiyaene	çuyın	gehen/reisen
uerdene	xwarın	essen/konsumieren
sımıtene	vexwarın	trinken/essen
uastene	xwastın	wünschen/anfordern
vurayen	guherin	ändern/verändern
vac	bêj	singen/sagen
pi, per	bar	Vater
mae	dê	Mutter
bıra	brak	Bruder
uae	xwişk	Schwester
mordem	mırov	Mann
ma	em	wir
şıma	hun	Sie
ey	wî	sein/er
ae	wê	sie/ihr
viya	bi	Witwe
lıng	pê	Fuß
zerri	dıl	Herz
nake	navokj	Bauch
aue	aw	Wasser
sole	xwê	Salz

vıle	cicek	Blume
vıl	gul	Rose
vam	behıv	Mandel
vaş	giya	Gras
verg	gurg	Wolf
pısing	kıtık	Katze
veşn	beran	Widder
verek	berx	Schaf
velık	gurçık	Kalb
kerge	mırişk	Hähnchen
mircela	muri	Ameise
mere	mışk	Maus/Ratte
astare	stêrk	Star
viyal	bi	Weide
veur	berf	Schnee
raye, rayir	rê	Weg
pil, gal	gir	groß
veyşan	bırsi	hungrig
merg	mırın	tot
neue	nû	neu
ema	bîzor	aber/jedoch

Zazaisch ist stark türkisch geprägt und hat eine große Anzahl türkischer Lehnwörter, das sind etwa 30 % des Wortschatzes. Erzincan-Zazaisch machen jedoch höchstens etwa 35 % der türkischen Lehnwörter aus. Einige Lehnwörter sind sehr stark modifiziert. Die zazaische Grammatik wurde teilweise vom Türkischen beeinflusst, einschließlich der deutlich agglutinierenden Sprachstruktur des Pronomens mit vielen Suffixen. Vor etwa 1.000 Jahren war Zazaisch vollkommen rein. Die tausendjährige Sprache entwickelte sich schließlich zu einer vom Türkischen und Arabischen beeinflussten vernakulären Sprache. In jüngster Zeit wurde den Zazas eine türkische Sprache in türkischer Schrift gegeben. Der Schneeball rollte weiter. Es begann mit den einfachen Flachländern, während die Bergbewohner noch „isolierte Sprache“ hatten. Die Menschen von Bergs waren sehr abhängig von denen der Ebene, beschäftigten sich mit Markthandel, Handwerk, Arbeit und so weiter. Dadurch verlor die Sprache ihre Reinheit und wurde in ihrer Gesamtheit verdrängt. Übrigens, nicht alles andere erreichte die Bergdörfer.

Die Ursprünge des Zaza-Volkes basierend auf DNA

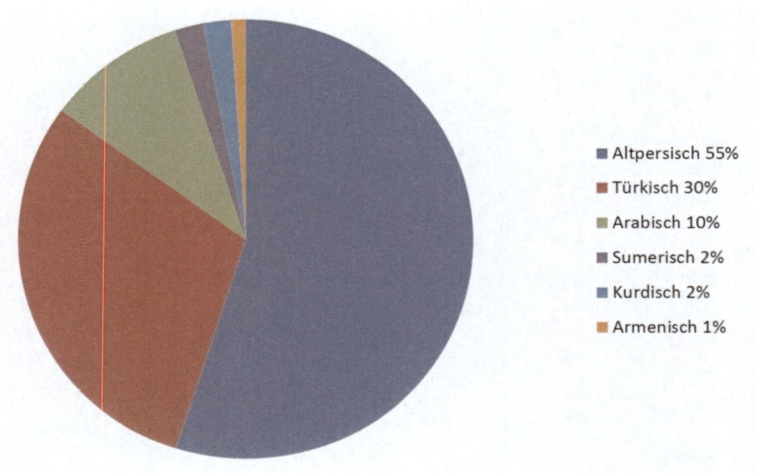

Bild 10. Etymologische Verteilung des zazaischen Vokabulars

Als Ursprung des zazaischen Vokabulars wird angenommen: **55 % Altpersisch**, **30 % Türkisch**, **10 % Arabisch**, **2 % Sumerisch**, **2 % Kurdisch** und **1 % Armenisch**.

Ein Sprichwort im Dialekt **Kırmançkî** Zazaisch lautet:

„Kam kê aslê ho inkâr keno, akılra hero!" (Wer seine Herkunft leugnet, ist ein Schafskopf!).

kam: Altpersisch
kê: Altpersisch
aslê: Osmanisch **asıl**, Arabisch **asl**. Sumerische agglutinierende Sprachstruktur mit Ergativsuffix **ê**
ho: Altpersisch
inkâr: Osmanisch und Arabisch **inkâr**
keno: Altpersisch
akıl: Osmanisch **akıl**, Arabisch **akl**
-ra: Sumerisch, agglutinierendes Struktursuffix in Dativobjekten
hero: Altpersisch

Einige Sprichwörter bekunden in **reinem Zazaisch** aus alten Zeiten und lauten: „Kutık goştê kutıki nêueno" (Hund isst kein Hundefleisch). „Leyrê mori bê zehr nêbeno" (Schlangenjunges kann nicht ohne Gift sein). „Moreka lonekerdiye hard de nêmanena“ (Glasperle mit Löchern bleibt nicht an Ort und Stelle). „Heş bi pil leyrê bê kayken“ (Wenn der Bär altert, spielt er für seine Jungen einen Narren). „Ponc beçiki zu jümini niyê“ (Fünf Finger sind nicht einer). Alle diese Wörter sind **Altpersisch** und hinterlassen keine Spuren alter türkischer und arabischer Lehnwörter. Mit Ausnahme der sumerischen Fallgruppen ist die Grammatik unberührt und enthält keine fremden Regeln. Allem Anschein nach ist die Quelle dieser Sprichwörter unbekannt.

Beispiele einiger Wörter zwischen Sumerisch und Zazaisch zum Vergleich:

Sumerisch	**Zazaisch**	**Deutsch**
taru	tarde	drehen
ışdı	ışuyde	schlafen
boz	bozmuşkere	zerstören
duru	vındur, vınduru	anhalten/stoppen
eş	eşan, aşan	kratzen
mae	mae, maye	Mutter
du	dut, tut/domane	Kinder
tamkaru	tamkaru	Kaufmann/Händler
lu	melu	Mensch
mar	mar	Schaufel
arı	arg	Fluss
meşg	meşke	Kleider
arda	ardi	Mehl
giş tug	giştige	Buchsbaum
barna	ban	Schuppen
esık	esige	Schwelle
ağıl	ağıl	Schafpferch
bar	bar	Belastung
agar	ega	Feld
si	sich	Schatten
gaz	ğez	Gas
kıyı	kıyşt, kışt	Strand
salamu, sılım	salam	links
gal	gal, pil	groß
sur	sur	rot
gal	galık	alt
bar	ber, per	alle
ilu	pil, pilu	groß

Die Muttersprache der Dörfer ist Zazaisch. Die Männer beherrschen ein wenig Türkisch, wie sie es während des Militärdienstes lernen. Die meisten Frauen können kein Türkisch und vor Gericht rufen die Behörden die Gendarmerie zum Dolmetschen an. Die Verwendung von Zazaisch in der Türkei ist stark eingeschränkt. In Zazaisch gibt es keine Form des Sprachunterrichts. Die neuen Generationen, die außerhalb von Zazadiyar geboren wurden, sind der Muttersprache Zazaisch sehr fremd. In den 1930er Jahren gab es in den kleinen zazaischen Städten Ovacık, Nazımiye, Çarsancak und Pah keine Grundschulen mit jeweils 2.000–3.000 Einwohnern. Die Grundschule dauert fünf Jahre. Der Grund dafür war, dass die zazaischen Kinder kein Türkisch sprechen konnten und die türkischen Behörden sich weigerten, die Grundschulen zu bezahlen. Der Konflikt zwischen dem Zaza-Volk und der türkischen Bildungsbehörde degenerierte. Das menschliche Gehirn entwickelt sich am meisten in der frühen Kindheit. Im Alter von fünf Jahren sind bereits große Teile der Leistungsfähigkeit des Gehirns entwickelt. Kinder in zazaischen Dörfern ohne Schule haben daher erhebliche Wissenslücken.

Bild 11. Volksschule in Senek Köyü – Pülümür/Tunceli

DIE MENSCHEN IN LEGENDEN

Nach einigen Quellen wird das Wort **„Zaza"** auf sumerischen Keilschrift-Tontafeln (3100 v. Chr.) erwähnt. Worauf sich das bezieht, wird der Nachwelt vielleicht nie bekannt sein. Die Behistun-Inschriften im Iran, die zwischen 515 v. Chr. und 486 v. Chr. auf Altpersisch, Elamisch und Babylonisch auf Befehl des achämenidischen Kaisers Darius I. geschrieben wurden, besagen, dass das Volk der Zaza in einer Region nordwestlich des Vansees lebte. Nach mehreren undokumentierten Behauptungen befindet sich die ursprüngliche Heimat der Zazas in einem Gebiet in der Nähe der Quellen der Flüsse Euphrat und Tigris.

Eindeutig belegen historische Aufzeichnungen wie ***Bundahishn*** (ca. 500 v. Chr.), eine der heiligen Schriften der Anhänger des Zarathustra, die Heimat der Zazas wie heute in der Region um die Euph-

Bild 12. Karte der Flüsse Euphrat und Tigris

rat- und Tigrisquelle. Dies deutet darauf hin, dass die Zazas nach Khorasan in den Nordiran ausgewandert sind und nicht das Gegenteil, wie bisher angenommen.

Das sumerische Wort **„Za“** hängt mit Wasser zusammen, insbesondere mit Schmelzwasser. Das sumerische Wort **„ab-za“** ist ein Ausdruck für die Weltmeere. Der Schnee versorgt Euphrat und Tigris mit Wasser. Wassermassen, Frühjahrshochwasser und Überschwemmungen sind mit den Flüssen Euphrat und Tigris verbunden. Das Wort Euphrat bedeutet **„Überfluss“**. Der Fluss Euphrat wird im Altpersischen **Ufratu**, im Elamischen **Ú-ip-ra-tu-iš** und im Sumerischen **Bu-ra-nu-na** genannt. Der Euphrat hat manchmal sumerische Städte überflutet und ist im Laufe der Zeit zwischen seinen Denkmälern wieder aufgetaucht. Das Herkunftsland des Zaza-Volkes „Zazadiyar“ liegt an den Quellflüssen von Euphrat und Tigris.

Unter diesem Aspekt, wenn diese Vermutung richtig ist, kann es als wahr angesehen werden, dass sich das Wort **„zaza“** auf die Ureinwohner bezieht, die an diesen Quellenströmen leben. Sumerisch ist sehr reich an Duplikationen des Substantivs. Beispiele hierfür sind **dudu** = die Wörter, **kur-kur** = die Berge, **šu-šu** = die Hände, **küren-küren** = Länder und so weiter. Wenn dies der Fall ist, kann das Wort **„za-za“** seinen Schlüssel als „Die Volk der Sintflut“ im Land um die Quelle des Euphrat haben. Natürlich ist dies eine Reihe von Vermu-

Bild 13. Behistun-Inschrift – Kermanshah

tungen und Wahrscheinlichkeitsberechnungen, könnte aber möglicherweise dazu beitragen, diese langen Zeiträume weniger trostlos und greifbarer zu machen.

Nach einer hurritischen Behauptung hätten sich die Hurriter zwischen 2350 v. Chr. und 2150 v. Chr. in **Zazadiyar** niedergelassen. Die Hurriter kamen aus den kaukasischen Regionen. Der griechische Geograf Klaudios Ptolemaios, 85–165 n. Chr., hat in seinem Werk ***Geographike Hyphegesis*** ein Gebiet südlich des Kaspischen Meeres **„Zazaka"** beschrieben.

Fast alles, was wir über die sumerische Kultur wissen, basiert auf den Ausgrabungen antiker Städte in Form von Relikten und Inschriften. Bedeutsam für die Geschichte ist, dass die Hochkulturen literarisch wurden, also die Kunst des Schreibens erfanden und entwickelten. Die Bedeutung der Schreibkunst für die Gesellschaften, die sie geschaffen haben, sollte nicht überbewertet werden. Die Schrift wird zu einer Sprache, die dem Gesprochenen zumindest im Prinzip entspricht. Die frühesten schriftlichen Quellen sind primitiv, schwer zu interpretieren oder völlig uninterpretierbar. Weder damals noch später sollten die Inschriften der Nachwelt historisches Wissen vermitteln. Der Rahmen einer Darstellung dieser Epochen muss noch hauptsächlich aus der Archäologie abgeleitet werden.

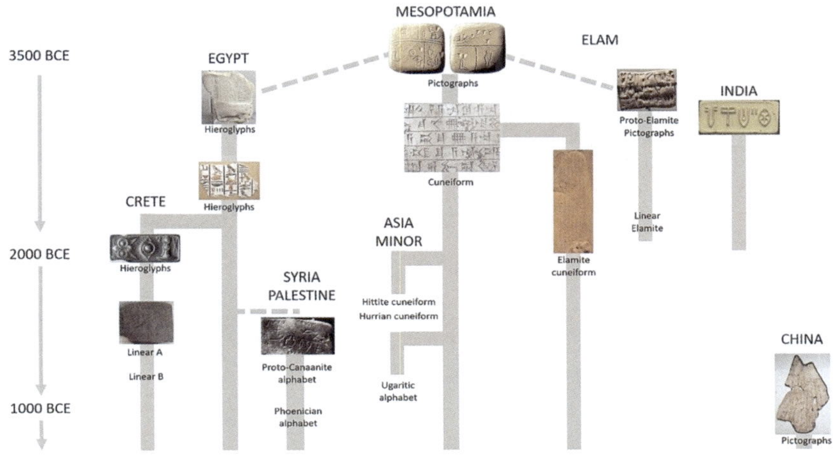

Bild 14. Entwicklung des Schreibens

GESCHÄTZTE BEVÖLKERUNG

In der Türkei sind mehrere historische Imperien entstanden. Es ist eines der ältesten durchgehend bewohnten Gebiete der Welt. In der Türkei gibt es 42 ethnische Gruppen von großer Bedeutung, im Verhältnis dazu gibt es keine 42 Religionen. Die Bevölkerung gehört somit einer Vielzahl unterschiedlicher ethnischer Gruppen an, von denen einige stark unterschiedliche Kultur, Tradition und Religion aufweisen.

Es gibt auch politische und manchmal ethische Probleme bei dem Versuch, die Bevölkerung in ethnische Gruppen einzuteilen. Dies wurde nicht selten zu politischen Zwecken, zur Spaltung von Menschen und zur Machtausübung genutzt. Es ist auch nicht ganz klar, wie eine ethnische Gruppe definiert werden soll. Es ist zum Beispiel nicht ungewöhnlich, dass Menschen über ethnische Grenzen hinweg heiraten, und dann ist es Tradition, die ethnische Zugehörigkeit des Mannes und nicht die der Frau zu zählen. Oftmals leben Menschen verschiedener Ethnien in den verschiedenen Städten und Dörfern der Türkei in Frieden miteinander. Aber einige Hauptmerkmale, wenn es

Bild 15. Verbreitung ethnischer Gruppen in der Türkei

um ethnische Gruppen geht, können wertvoll sein, wenn man sich etwas darüber auskennt.

Die größten Gruppen sind Türken, Kurden, Zazas, Lasen, Georgier, Araber und so weiter. Der Anteil der türkischen Bevölkerung an der Bevölkerung wird manchmal mit 60 %, manchmal sogar mit 80 % beziffert. Die Prozentsätze stellen den Anteil der MyHeritage DNA-Benutzer in der Türkei dar, der **12,5 %** türkischer (zentralasiatischer) Abstammung ausmacht. Der Grad der Assimilation an die Mehrheitsbevölkerung unter den verschiedenen ethnischen Gruppen ist hoch. Praktisch alle Zaza-Stämme in Ostanatolien lebten in einer Stammesgesellschaft und praktizierten strikte Endogamie, das heißt sie heirateten nur innerhalb ihrer eigenen Gemeinschaft. Ein hoher Anteil der Einheirat zwischen den Familien liegt in den Provinzen Erzincan, Tunceli, Bingöl, Muş und Elazığ.

Die ethnische Zusammensetzung der türkischen Bevölkerung ist stark umstritten und aufgrund der Türkifizierung, der historischen Interpretation der soziologischen Definition von Ethnizität (zum Beispiel werden die Aleviten/Zazas als eins gezählt) und der Unterdrückung anderer Ethnien in der Region durch die türkische Regierung oft schwer nachvollziehbar.

Die genaue Anzahl der Zazas ist nicht bekannt, da größere aktuelle Bevölkerungsstudien fehlen. Auch die Tatsache, dass sich einige Zazas mit anderen regionalen Ethnien (meist Kurden) vermischt haben, hat zur Verunsicherung beigetragen. Viele Zazas leben außerhalb

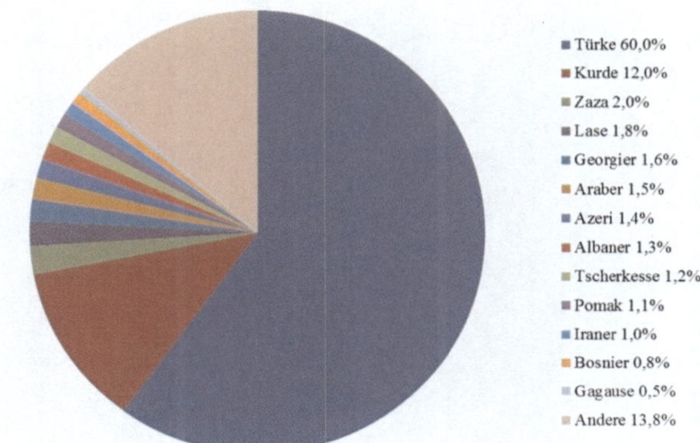

Bild 16. Geschätzte ethnische Gruppen in der Türkei

ihres Herkunftslandes Zazadiyar. Neben weit verbreiteter Unterdrückung und Massenevakuierung von Dörfern zwingt die schlechte wirtschaftliche Situation in den zazaischen Gebieten die lokale Bevölkerung zur Auswanderung in türkische Städte oder europäische Länder. Viele Zazas leben in türkischen Großstädten wie İstanbul, Ankara und İzmir. Darüber hinaus sind Zazas nach ganz Europa (meist nach Deutschland) und noch weiter (USA, Kanada, Australien und so weiter) ausgewandert.

Bei den Schätzungen der Anzahl der Zazas handelt es sich um eine infizierte Substanz, bei der die eigenen Zahlen der Zazas durchweg höher sind als die anderer Quellen. Schätzungen zufolge gibt es zwischen zwei und drei Millionen Zazas. Laut einer Umfrage der Gendarmeriegruppe **„Berichte über Zaza-Stämme“** aus dem Jahr 1970 waren in Ostanatolien insgesamt **350.000** Einwohner der Zaza registriert. Realistischer kann die Zahl heute auf etwa **550.000** in Ostanatolien, etwa **500.000** in der restlichen Türkei und etwa **450.000** außerhalb der Türkei geschätzt werden. Eine gerundete Zahl von **1.500.000** Zazas findet sich weltweit. Die höchste Anzahl von Zaza-Völkern in Ostanatolien findet sich in den Provinzen **Tunceli** (29 %), **Erzincan** (15 %), **Bingöl** (14 %), **Sivas** (5 %), **Diyarbakır** (4 %), **Bitlis** (3 %), **Elazığ** (2 %) und **Gümüşhane** (1 %) und in Patches vermehrt in Muş,

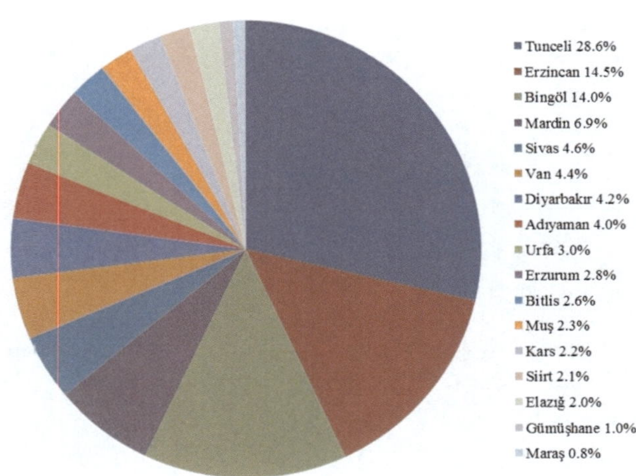

Bild 17. Geografische Verteilung von Zazas in Anatolien – Jandarma „Zaza Aşiretler Raporu 1970“

Erzurum, Urfa, Adıyaman, Mardin, Van, Bayburt und Maraş. Die Provinz Tunceli ist die bevölkerungsreichste und besteht zu etwa 90 % aus Zazas.

Die Zazas haben die Anziehungskraft der modernen Türkei und die sozioökonomischen Vorteile, die sie anderen benachbarten Minderheiten bieten, die es vermeiden, sich im Norden am kurdischen Separatismus zu beteiligen. Auf den Spuren der Wiederbelebung des kulturellen Ausdrucks der Aleviten konnten die Zazas im freieren europäischen politischen Klima ihr eigenes nationales Selbstbewusstsein finden. Die Mehrheit der Zaza-Völker in den Provinzen Tunceli, Bingöl, Elazığ und Sivas betrachten sich selbst als ethnische Kurden und werden oft als Zaza-Kurden bezeichnet. Die genaue Herkunft des Namens Kurd ist unklar. In der Neuzeit ist das Wort „Kurd“ zu einem Motto geworden. Nicht zuletzt Abdullah Öcalan, der Vater ist Armenier und die Mutter Türkin, die sich zum Kurdenführer erklärt hat. In Bezug auf die Umwandlung von Zazas in Kurden hat es einen nationalen, ethnischen, politischen und sozialen Wert.

Bild 18. Nemrut Dağı ca. 60 v. Chr. – Adıyaman

HERKUNFT DER STÄMME

In der Antike waren die Zazas im Grunde eine ethnische Gruppe. Der Ursprung ihrer Stämme liegt in der Epoche der Seldschuken. Allem Anschein nach entstanden ethnische Gruppen im 12. Jahrhundert. Innerhalb des Zaza-Volkes wurden etwa **220** Stämme gebildet. Auch heute noch sind neu gebildete Stämme ein weit verbreitetes Phänomen. In einem Dorf in Kığı kam es in den 1980er Jahren zu Konflikten zwischen den Grundbesitzern. Dies führte zu einer Aufspaltung eines Stammes in drei an der Zahl.

Im Großen und Ganzen sind alle Namen der Stämme türkisch. Die Namen basieren auf Orten, Einheimischen, Personen, Dignitäten, Aussehen, Berufszweigen, Patronymen, Verbalsubstantiven, zusammengesetzten Adjektiven und so weiter. Laut einem Gerücht sollen neun Stämme in Khorasan im Iran entstanden sein. Diese sollen Koçgiri, Hormek, Hıran, Şadılı, İzol, Karsan, Arılı, Alanlı und Demenan sein. Die Stämme haben sehr unterschiedliche Populationen. Laut der Statistik **„Berichte über Zaza-Stämme“** in Ostanatolien von 1970 war der größte Stamm Koçgiri mit 21.799 Individuen und der kleinste

Bild 19. Euphrat und Sansa Deresi – Tercan/Erzincan

Pulanlı mit 201 Individuen. Im Großen und Ganzen kann man sagen, dass der Pulanlı-Stamm eine Familie repräsentiert. In Ostanatolien fanden viele Gräueltaten statt. Koçgiri war der am stärksten gefährdete Stamm und wurde gewaltsam in andere Teile der Türkei umgesiedelt. Es wird geschätzt, dass es heute weltweit etwa 60.000 Koçgiri-Individuen gibt.

In einem einzigen Jahr 1071 erlitt Byzanz zwei katastrophale Niederlagen gegen die Seldschuken und verlor Kleinasien an den Putsch. Die große Niederlage von Byzanz öffnete der seldschukischen Infiltration die Türen. Byzanz verlor stetig an Boden gegenüber verschiedenen türkischen Königreichen. Während der ersten Periode erlangten die Seldschuken nur die Kontrolle über das Land, während die byzantinischen Städte Widerstand leisteten, aber irgendwann im 13. Jahrhundert erlangten sie eine festere staatliche Organisation. Etwas größere Dimensionen bekommt die historische Epoche erst, wenn die Seldschuken die politische Führung in Ostanatolien übernehmen. Die Distanz in der seldschukischen Weltherrschaft ist so groß, dass die verschiedenen Herrscher in unterschiedlichen Kulturkreisen verstrickt sind und bald nicht mehr viel gemeinsam haben. Die Seldschuken nutzten alle Teile der Bevölkerung – Zazas, Kurden, Armenier, Byzantiner – für ihre eigenen Interessen und vorzugsweise gegeneinander aus. Am Krieg gegen Byzanz nahmen Zazas teil und leisteten heldenhafte Anstrengungen. Diese Kriegsherren wurden **„Ağa“**, **„Bey“** und **„Efendi“** betitelt. Viele dieser Zazas erlangten in den seldschukischen Fürstentümern sehr hohe Positionen. Zazaische Kriegshelden

Bild 20. Abrenk Kilisesi und Tercan Ovası – Tercan/Erzincan

erhielten Land in Lehen **„ikta“** und die Elite waren die größeren Landbesitzer, die wohlhabendste soziale Gruppe. Im Großen und Ganzen konnten diese Würdenträger erst dann zu verschiedenen Stammesformationen beitragen. Aus jeder weithin gesprochenen Großfamilie ging ein Stamm hervor. Die Muster der Zaza-Stämme sind egalitärer, die Familien waren gleichberechtigt und die zentrale Macht war schwach oder nicht vorhanden. Die meisten Angelegenheiten wurden innerhalb der Familien und Clans selbst erledigt, unter der Führung der irdischen Spitzenfamilien mit ihren Klienten aus ärmeren und völlig landlosen Elementen, oft zu größeren Burschenschaften zusammengeschlossen.

Nach Stammesformationen kam es zu groß angelegten Wanderungen. Der Stammeskrieg hielt mit den Feudalherren Einzug. Die Stammesführer der Zaza kämpften untereinander um die Macht. Aufgrund der ständigen Stammeskriege und Konflikte trennten sich Familien und es gab viel Pendeln zwischen den Dörfern. Meuchelmorde innerhalb verschiedener Stämme/Familien trugen zu verlorenem Eigentum und Umsiedlungen bei. Ihr böswilliges Verhalten führte oft zu Konflikten zwischen Menschen, die sich in Hass, Demütigung und Feindseligkeit mündeten. Aufgrund politischer Ziele und aufgrund von Gedanken, Religion und sektiererischen Kämpfen, die die Ursache sind. Darüber hinaus dauerte ein Streit zwischen Nachkommen derselben Rasse, indigenen Völkern derselben Herkunft und mit gemeinsamen Interessen viele Jahrtausende lang an. Die Lebensbedingungen traten in eine neue Phase ein – die armen Armenier verkauften ihren Besitz an die armen Zazas. Wie das Sprichwort sagt – ***Ein blinder Verkäufer findet einen blinden Käufer***.

Bild 21. Ostanatolien ca. 1000 v. Chr.

VÖLKERWANDERUNGEN

Das Schicksal des Zaza-Volkes wurde immer von ständigen Migrationen überschattet. Die größte dürfte um 800 v. Chr. stattgefunden haben. Ob in diesem Jahrhundert Umsiedlungen stattgefunden haben, ist höchst ungewiss und offen für Vermutungen. Es gibt keine weiteren Informationen zu dieser Migration. Die Migrationsrouten führten nach Osten nach Khorasan im Iran, nach Südosten zum Zagros-Gebirge im Nordwesten des Iran und nach Westen nach Kappadokien. Mit anderen Worten, eine Auswanderung aus dem Herkunftsland der Zazas in die Khorasan und in das Zagros-Gebiet findet seit einigen Jahrhunderten v. Chr. statt. Darüber hinaus verorten historische Quellen wie der ***Bundahishn*** (ca. 500 v. Chr.) die Heimat der Zazas um die Quelle von Euphrat und Tigris. Darin heißt es, dass die Zazas nach Khorasan in den Nordiran ausgewandert seien und nicht umgekehrt, wie bisher angenommen. Diese Flüchtlinge in Khorasan tragen den Namen Kırmanç (Kurmanç) und eine in der Gegend von Zagros etablierte Sprache Goranî. Nordzazas werden Kırmanç genannt und Zazaisch ist eng mit Goranî verwandt.

Das Wort **„Ankara“**, das nach diesem Ausdruck Traube bedeutet,

Bild 22. Proto-Anatolische Migration 3000–2000 v. Chr.

leitet sich von Zazaisch ab. Zazaisch **(h)engure** bedeutet Traube, daher hat sich der offizielle Name von Ankara geändert: **(H)Engure** (Zazaisch, 700 v. Chr.) → **Angora** (Galatische Sprache, 300 v. Chr.; Hauptstadt von Galatien 278–25 v. Chr.) → **Ankϋra** (Griechisch, 200) → **Ankara** (Türkisch, 1200) wurde bis heute entwickelt.

Laut HomeDNA-Ergebnissen zeigt es den Migrationsweg, der den Reisen zu meiner Familie mit Müttern und Vätern entspricht. Die Karte zeigt, wie sich meine DNA im Laufe der Zeit bis zu dem Punkt bewegte, an dem die letzte signifikante genetische Mischung im Genpool stattfand, um meine Ahnenlinien zu erzeugen. Irgendwann nach 484 n. Chr. zogen meine Vorfahren aus dem Nordiran nach Zazadiyar (Bingöl, Tunceli und Muş) zurück und als sie dort ankamen, hätten sie das erlebt.

Ebu Müslim al-Khorasanî führte 747 einen Aufstand in Khorasan an, der zum Sturz der Umayyaden-Dynastie und zur Ablösung des abbasidischen Kalifats führte. Er war ein großartiger und begabter Führer, der es verstand, die Unzufriedenheit der Bevölkerung auszunutzen und anti-umayyadistische Propaganda zu betreiben. Nach der Errichtung des neuen Kalifats in Kufa erhielt Ebu Müslim al-Khorasanî Khorasan als Lehen, wurde aber später vom zweiten abbasidischen Kalifen Ebu Cafer Mansur abgesetzt und ermordet. Ebu Müslim al-Khorasanî war für ihn eine der größten Schwierigkeiten, als er sein Geschäft in Khorasan führte. Es ist nicht bekannt, ob es türkischer, arabischer, zazaischer oder persischer Herkunft ist. Dies führte dazu, dass die Schiiten es mit Misstrauen betrachteten und sich weigerten,

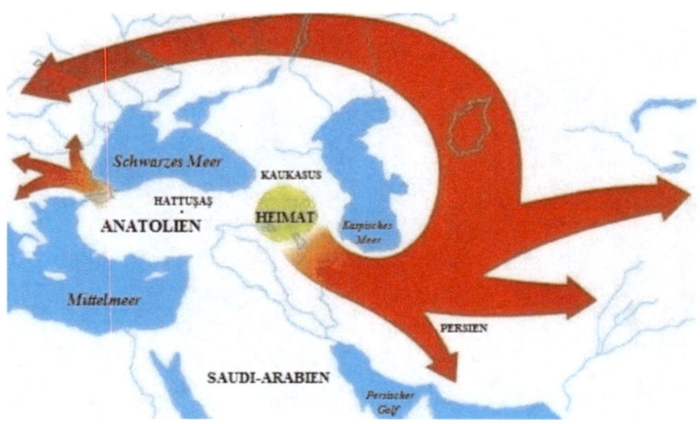

Bild 23. Indoeuropäische Migrationen in Ostanatolien 2000 v. Chr.

es sofort anzunehmen. Er führte die Aleviten und wurde schnell zu einer beliebten und angesehenen Person in Mesopotamien. Im Zusammenhang mit seinem Engagement für die Aleviten könnte die Invasion des Volkes der Kırmanç von Khorasan nach Anatolien begonnen haben.

Im 11. Jahrhundert gerieten die verschiedenen persischen Königreiche unter dem Druck eines neuen Eroberers aus der turkmenischen Steppe, der Seldschuken, ins Wanken. Sie nahmen die Khorasan ein, vertrieben die Ghaznawiden aus dem Iran und beendeten sowohl die Buyiden als auch das schiitische Jahrhundert, als sie 1055 Bagdad eroberten. Die Schlacht bei Malazgirt in der Provinz Muş in Ostanatolien fand am 26. August 1071 zwischen dem byzantinischen Heer unter Kaiser Romanos IV, dem auch Armenier, Slawen, Goten und Germanen angehörten, und dem seldschukischen Heer unter Alp Arslan andererseits statt. Die Seldschuken gewannen und Kaiser Romanos wurde gefangen genommen.

Es war eine vernichtende Niederlage für die Byzantiner, die zu umfangreichen religiösen und ethnischen Umwälzungen in Anatolien führte, als die muslimischen Seldschuken die Kontrolle über die Region erlangten. Die Schlacht führte zur Gründung des seldschukischen Sultanats in Anatolien und gilt als Anfang bis Ende des Byzantinischen Reiches. Für Byzanz war der Verlust Anatoliens ein fataler Schlag, denn das Gebiet war der am dichtesten besiedelte Teil des Reiches. Da der neue Kaiser Alexios I. Komnenos die verlorenen Ge-

Bild 24. Çayönü neolithische Siedlung 8630 v. Chr. – Ostanatolien

biete nicht zurückerobern konnte, musste er Westeuropa um Hilfe bitten. Papst Urban II. reagierte darauf, indem er die Christen aufforderte, das Heilige Land von der muslimischen Herrschaft zu befreien, was zu den Kreuzzügen führte. Laut einer unbewiesenen Behauptung haben sich in dieser Zeit die Stämme der Koçgiri, Hormek, Hıran, Şadılı, İzol, Karsan, Arılı, Alanlı und Demenan im Kielwasser der Seldschuken aus Khorasan und Nishapur im Nordosten des Iran aufgehalten und sich in den Tälern des Oberen Euphrat und Tigris niedergelassen.

Bereits in den 1510er Jahren war am östlichen Horizont Anatoliens ein neuer gewaltiger Feind aufgetaucht, Yavuz Sultan Selim war der osmanische Herrscher geworden. Das Präfix **„Yavuz“** ist ein Ausdruck des Grausamen. Eine der ersten Herausforderungen für Yavuz Sultan Selim als Sultan waren die wachsenden Spannungen mit Schah Ismail, der vor kurzem die Safawiden an die Macht gebracht und die Staatsreligion vom sunnitischen Islam zum „Zwölf Imam“-Zweig des schiitischen Islam geändert hatte. Die osmanischen und safawidischen Armeen trafen 1514 in der Ebene von Çaldıran (Van) aufeinander. Obwohl es mehr Infanterie in der osmanischen Armee gab, war die Kavallerie in der safawidischen Armee groß. Aber die safawidische Armee hatte keine Kanone, jedoch gab es Artilleriekräfte im Osmanischen Reich. Die Schlacht von Çaldıran war von historischer Bedeu-

Bild 25. Munzur Dağları – Dersim/Tunceli

tung, da Schah Ismails Zurückhaltung gegenüber den Vorteilen moderner Schusswaffen und der Bedeutung der Artillerie entscheidend war. Die Schlacht endete zugunsten der Osmanen. Shah Ismail floh vom Schlachtfeld, als ihm einer seiner Soldaten sein Pferd gab. Nach einer schweren Niederlage verlor Shah Ismail seinen früheren Ruf. Auf diese Weise bestand für die Osmanen in Ostanatolien keine Gefahr.

Als der Krieg ausbrach, war es wichtiger, dass die Aleviten für Shah Ismail Stellung bezogen. Die Rache war vollendet, Zazadiyar fiel 1514 als reife Frucht für die Angriffe von Yavuz Sultan Selim. Das Volk der Zaza leistete jahrzehntelang erbitterten Widerstand und bekam eine solide osmanische Kolonie auf den Hals. Die Jagd auf Aleviten wurde gestartet. Yavuz Sultan Selim ordnete das Massaker an **40.000** Aleviten/Zazas an. Sein Ziel war es, alle Aleviten/Zazas im Land aus der Welt zu holen. Es kam zu Massendeportationen von Aleviten/Bektaşiern in verschiedene Teile der Türkei und auf den Balkan.

Während des türkisch-russischen Krieges von **1916–1918** gerieten die Zaza-Völker ins Kreuzfeuer. Die Dorfbewohner waren wehrlos, hatten keine Waffen und waren sich nicht sicher, wer der Feind oder Verbündete war. Die Provinzen Erzincan, Erzurum, Bingöl und Gümüşhane wurden von einer Hungersnot hart getroffen. Russische und armenische Soldaten nahmen den Dorfbewohnern alle Lebensmittel weg. Haustiere waren leichte Beute und Weizenähre von den Feldern, die den hungrigen Kriegern geröstet wurde. Aufgrund von Hungersnöten kam es zu einer Massenabwanderung von Menschen in die

Bild 26. Dılav Köyü – Erzincan

Städte am Schwarzen Meer.

Dutzende von Zaza-Stämmen in der Region Dersim in Ostanatolien erhoben sich 1937–1938 gegen ihre Unterdrücker. In Ermangelung gegenseitiger Disziplin und kompetenter Führung unterliegen sie jedoch den regulären türkischen Truppen. Der Aufstand von Dersim war ein Aufstand der Zaza gegen die türkische Regierung in den Provinzen Tunceli, Bingöl, Elazığ und Muş. Angeführt wurde der Aufstand von Seyit Rıza, einem alevitischen Häuptling aus dem Stamm der Abbas Uşağı (Şeyh Hasanlar). Dieses Gebiet hatte den Ruf, rebellisch zu sein, da es in den letzten 50 Jahren die Szene von elf verschiedenen bewaffneten Konflikten war. Etwa 25.000 Soldaten wurden eingesetzt, um den Aufstand zu stoppen. Diese Aufgabe war im Sommer abgeschlossen und die Anführer des Aufstands, darunter der Stammesführer Seyit Rıza und sein 16-jähriger Sohn Resik Hüseyin, wurden gehängt. Aber die Reste der Rebellentruppen leisteten weiterhin Widerstand und die Zahl der Truppen in der Region verdoppelte sich. Das Gebiet wurde auch aus der Luft bombardiert. Bis zur Befriedung der Region im Oktober 1938 leisteten die Rebellen ihren Widerstand.

Kemal Atatürk habe, so Osman Pamukoğlu, in den 1990er Jahren General der türkischen Armee, den Einsatzbefehl selbst gegeben. Laut einem offiziellen Bericht der Vierten Generalinspektion wurden **13.160** zivile Zazas von der türkischen Armee getötet und von der Provinz entvölkert. Etwa **11.800** Menschen des Zaza-Volkes wurden gewaltsam in andere Teile der Türkei umgesiedelt. Es verursachte die heftigste Folter, die jemals bei einem Aufstand während der republikanischen Jahre gesehen wurde. Auch diejenigen, die nicht am Aufstand teilnahmen, und die Familien der Rebellen wurden gefoltert.

Bild 27. Anatolien ca. 1600 v. Chr.

ETHNIZITÄTSSCHÄTZUNGEN

Die Türkei umfasst eine Reihe von ethnischen Gruppen und Minderheiten. Es gibt jedoch nur sehr wenige offizielle Informationen über viele ihrer bedeutsamsten Minderheiten. Die Zazas sind die drittgrößte ethnische Gruppe in der Türkei. Die Toleranz gegenüber den ethnischen Minderheiten Zazas und Kurden war in der Türkei schon immer gering. Das Volk der Zaza hat sich oft als Opfer im Osmanischen Reich angesehen. Seine eigenen literarischen Werke hat es nie gegeben. Ihre eigenen literarischen Werke hat es nie gegeben, weil der zazaischen Sprache ein Alphabet fehlte und alle Druckformen verboten waren. Die mündliche Überlieferung und die Kunst des Geschichtenerzählens sind von Bedeutung und werden oft in Form von Geschichtenerzählen durchgeführt.

Lange Zeit konnte man nicht einmal öffentlich erwähnen, dass es in der Türkei eine Volksgruppe namens Zazas gab – stattdessen wurden sie zusammen mit den Kurden „Bergtürken" genannt. In den 1960er Jahren bekam die Türkei jedoch einen Präsidenten, Cemal

Bild 28. Karte der Region Ostanatolien

Gürsel, der das Establishment schockierte, indem er offen über Zazas und Kurden sprach. Der vierte Präsident Cemal Gürsel wurde in Hınıs, Zazadiyar, geboren. Die Mutter war Zaza und der Vater war alevitischer Türke. Vier-Sterne-General und Oberbefehlshaber Cemal Gürsel hielt seine ethnische Herkunft geheim, um seine militärische Karriere nicht zu verlieren. Während der Präsidentschaft von Cemal Gürsel lockerte sich diese Geheimhaltung, was zu einer stärkeren Aufmerksamkeit für die Volksgruppen führte. Zum ersten Mal konnten Menschen sich offen als Zazas und Kurden identifizieren. Eine Gendarmeriegruppe wurde gegründet, um Statistiken über die Bewohner der Zaza in Ostanatolien zu führen. Die Gendarmerie kam 1970 zu dem Schluss, dass in Ostanatolien insgesamt 350.000 Einwohner der Zaza leben. Ich bin nicht sehr beeindruckt von dieser Statistik, weil viele Stämme und Orte fehlen. Realistischer wären es **500.000** gewesen.

Der Startschuss fiel nach der Präsidentschaft von Cemal Gürsel. Es wurde überfüllt in der Autorenschaft, Schriftsteller nach Schriftsteller erhielt eine kostenlose Fahrt. Aus allen Ecken Anatoliens schrieben Zaza-Autoren in ihren Werken am laufenden band, dass die Zaza-Völker **Turkvölker** (Turkic people) seien. Sie schrieben eine Reihe ungeschliffener Wahrheiten. Mit der Philosophie der ethnischen Herkunft bauten die Autoren Brücken zwischen Feuer und Wasser.

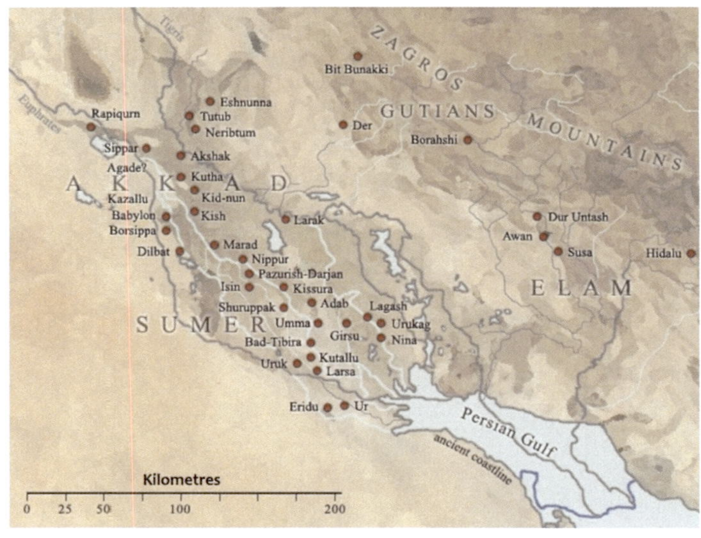

Bild 29. Karte von Elam und Sumer

Über die Einzelheiten des Sachverhalts ist nichts bekannt. Dafür gab es keine konkreten Anhaltspunkte. Dass dies richtig ist, kann niemand beweisen. Sie machten wenig Sinn für sich. Sie fabrizierten, dass alle Turkvölker, die existierten, die Vorfahren der Zaza-Stämme sind Türkmen, Oğuz, Avşar, Yörük, Gagavuz, Harzem, Hun, Kıpçak, Varsak, Türgiş, Kınık, Yıva, Eymür, Yazır, Döğer, Beydili, Bayındır, Kaçar, Bozulus, Kayı, Cerid, Bayad, Kızık, Çiğil, Karluk und İğdir. Aus dem Nichts wurde ein Zaza-Stamm vier verschiedenen Turkvölkern zugeordnet, zum Beispiel dem **Alanlı**-Stamm der Oğuz, Avşar, Eymür und Yıva. Die Grundlage für die Vermutung besteht hauptsächlich darin, Zaza ins Türkische zu machen. Viele Schriftsteller behaupten, Zaza sei eine türkische Sprache, und verschließen die Augen vor Beweisen. Versuche, die Verwandtschaft der Zaza-Sprache mit dem Türkischen nachzuweisen, sind ohne überzeugenden Erfolg gemacht worden.

Trotz aller Widrigkeiten erfuhr ich tatsächlich von meiner Abstammung, nachdem ich sechs DNA-Tests ausprobiert hatte. Das Ergebnis kann stark variieren, je nachdem, welches Testunternehmen verwendet wird. Ich interessiere mich schon lange für meine Herkunft. Es geht nicht nur darum zu verstehen, woher meine genetische Abstammung kommt, sondern auch um zu sehen, wie eng wir alle Zazas miteinander verbunden sind. Ich wusste im Grunde, dass unsere der Wurzeln **Westiran** und **Ostanatolien** waren. Ich wusste, dass ein Unternehmen in seiner Kundenbasis nur Personen mit Verwandten zuordnen kann. Wenn ich also so viele Verwandte wie möglich finden wollte, müsste ich mehrere Unternehmen verwenden. Daher habe ich meine DNA-Proben an AncestryDNA, 23andMeDNA, MyHeritageDNA, Family TreeDNA, LivingDNA und HomeDNA geschickt. Alle DNA-Proben waren für autosomale Tests bestimmt und die Test-

Bild 30. Mesopotamien ca. 1400 v. Chr.

unternehmen 23andMeDNA und LivingDNA umfassten Analysen der väterlichen Haplogruppe Y-DNA und der maternalen Haplogruppe mtDNA.

DNA ist eine Abkürzung, die für den chemischen Namen „Desoxyribo Nucleic Acid" steht. Sie ist die chemische Substanz, die den genetischen Code trägt, ein Code, der das Rezept für alle Lebensformen enthält. Der DNA-Code ist im Grunde einfach – er besteht aus nur vier Bausteinen, die mit den Buchstaben **A**, **C**, **G** und **T** abgekürzt werden. Dafür ist der Code aber auch sehr lang. Insgesamt befinden sich in unserem Genom etwa drei Milliarden Nukleotide (Buchstaben). Der Nukleotidstrang ist zwischen Individuen fast identisch, aber im Durchschnitt unterscheidet sich ein Nukleotid von tausend im Vergleich zwischen zwei zufällig ausgewählten Individuen. Der tiefere DNA-Test enthüllt die genealogischen Spuren, die in unserem Y-Chromosom gespeichert sind. Spuren, die unsere Ahnenlinie über Jahrtausende hinterlassen hat. Diese Spuren werden dann mit der DNA anderer getesteter Personen verglichen. Anhand von Ähnlichkeiten und Unterschieden ist es möglich, einen Baum zu zeichnen, wie die Beziehungen zwischen den Menschen aussehen. Es entsteht ein seltsamer Stammbaum, der 2.000 Jahre umfasst. Ein Stammbaum basierend auf einem Gelenk, das während der Eisenzeit lebte. Ungefähr

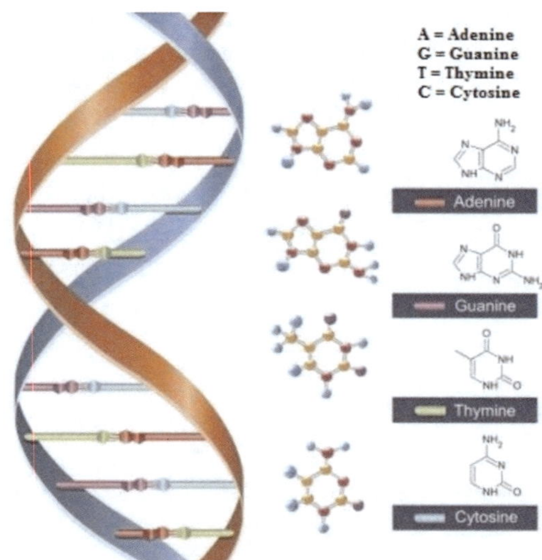

Bild 31. DNA-Struktur

95 % unserer DNA sind sogenannte autosomale DNA, egal ob eine Person männlich oder weiblich ist. Es ist diese DNA, die wir zufällig von Mutter und Vater erben. Wir haben somit die autosomale DNA, die wir von beiden Eltern tragen, geerbt und die Millionen von Puzzleteilen können aus jedem Zweig unseres Stammbaums stammen. Die Puzzleteile der DNA, die wir in der autosomalen DNA finden, werden Segmente genannt. Die Länge eines Segments (Chromosoms) wird in einer speziellen Einheit namens centiMorgan und abgekürzt cM gemessen.

Meine Benutzererfahrung und meine Ergebnisse waren für jedes Unternehmen sehr unterschiedlich. Die Ergebnisse sind generisch und die ethnischen Kategorien sind viel zu breit gefasst. Die Unternehmen bieten detaillierte ethnische Schätzungen für Menschen mit Herkunft von den **Britischen Inseln**, dem **germanischen Europa**, **Fennoskandien**, der **Iberischen Halbinsel**, **Südeuropa**, **Osteuropa** und **Russland**. Diese Schätzungen zur ethnischen Zugehörigkeit werden für Amerikaner europäischer Herkunft erstellt, die daran interessiert sind, herauszufinden, woher sie kommen, da sie wissen, dass sie Einwanderer nach Amerika sind. Die Testfirmen schienen sich nicht mit dem Material für die Abstammung aus dem **Nahen Osten** beschäftigt zu haben. Ihnen fehlten Informationen in ihrer Kundenbasis der meisten existierenden ethnischen Gruppen im Nahen Osten. Ostanatolien ist in der Weltgeschichte mit dem Attribut **„Armenien“** archiviert. Zaza-Kandidaten fühlen sich beleidigt, wenn DNA-Ergebnisse als „armenische Abstammung“, „jüdische Abstammung“ und „griechische Abstammung“ erscheinen.

Die Ethnizitätskarte in den Testergebnissen versucht, eine altmodische und überholte Sichtweise auf Ethnizität, Abstammung und Rassenzugehörigkeit zu betonen. Laut Europäern wurden die Ethnizitätskarten hinzugefügt, um eine amerikanische Zielgruppe zu befriedigen.

Eines der Unternehmen, das DNA-Tests mit ethnischen Karten durchführt, weist darauf hin, dass man die Tests nicht mit einer genauen Wissenschaft vergleichen sollte. Es wird angenommen, dass DNA-Tests gut sind, wenn Menschen nach ihren Verwandten suchen oder Antworten auf ein Familienrätsel suchen, aber die ethnische Karte ist nicht viel wert.

Meine DNA-Ergebnisse von HomeDNA zeigten, dass meine Vorfahren aus Südostindien, Westsibirien, Fennoskandien, Sardinien und so weiter stammten, was sehr unwahrscheinlich ist. Daher ist es nicht in der DNA-Statistik enthalten. Die Testfirmen LivingDNA und HomeDNA bieten keine relativen Übereinstimmungen an. Derzeit stellen sie keine Hitlisten zur Verfügung, man lernt es nur für eigene Rechnung kennen – man kann sich mit niemandem vergleichen. Die meisten Testfirmen geben keine Auskunft über antike Ursprünge und erklären die Ergebnisse nicht gut.

Immer mehr Zazas lassen ihre DNA testen, um ihren familiären Hintergrund und ihre ethnische Zugehörigkeit zu untersuchen. Bisher wurde die überwiegende Mehrheit der Zaza-Kandidaten auf MyHeritageDNA (Westeuropa) und 23andMe-DNA (USA) getestet. Die Mehrheit der Zaza-Kandidaten lebt in Westeuropa, den Vereinigten Staaten und der Türkei. Die Altersgrenze liegt zwischen 20 und 40 Jahren und deckt ca. 80 % ab. AncestryDNA- und 23andMeDNA-Tests bei Kandidaten aus dem Nahen Osten sind in vielerlei Hinsicht kostengünstiger.

Die Initiative zu ergreifen, in den Weg des Zaza-Volkes durch die Geschichte einzutauchen, ist ein schwindelerregender Gedanke. Die Zazas und Aleviten in der Türkei lebten in einer Stammesgesellschaft und praktizierten strikte **Endogamie**. Tatsächlich sind wir eingeheiratete Zazas und es reicht aus, 2.000 Jahre zurückzugehen, damit die

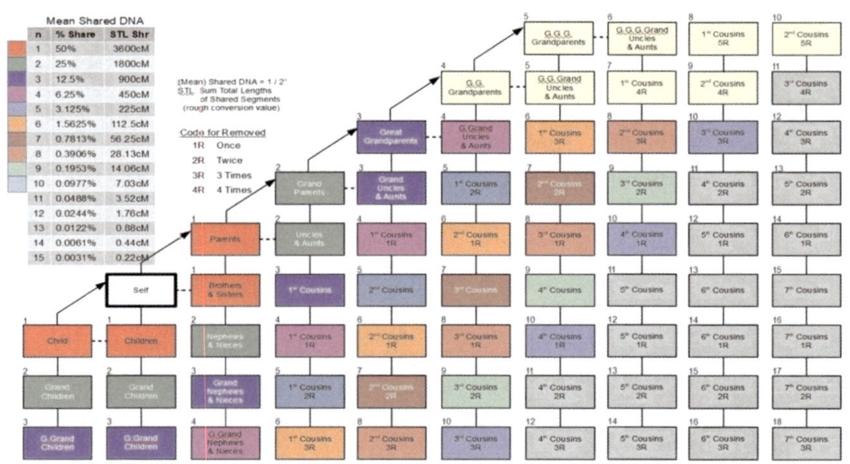

Mean Shared DNA

n	% Share	STL Shr
1	50%	3600cM
2	25%	1800cM
3	12.5%	900cM
4	6.25%	450cM
5	3.125%	225cM
6	1.5625%	112.5cM
7	0.7813%	56.25cM
8	0.3906%	28.13cM
9	0.1953%	14.06cM
10	0.0977%	7.03cM
11	0.0488%	3.52cM
12	0.0244%	1.76cM
13	0.0122%	0.88cM
14	0.0061%	0.44cM
15	0.0031%	0.22cM

Bild 32. Die Menge an gemeinsamer DNA in verschiedenen Beziehungen

Zaza-Völker einen gemeinsamen Vorfahren finden. Der Schlüssel zum Finden der Beziehung zwischen DNA-Matches besteht darin, unsere Heimatregionen, das Kernland, zu vergleichen. Das Phänomen ist in Gebieten verbreitet, in denen die Gattungen besonders eingeheiratet und eng miteinander verwandt sind, zum Beispiel in den Provinzen Tunceli, Erzincan, Bingöl und Muş.

Viele spannende Herausforderungen und interessante Entdeckungen erwarten Sie, wenn Sie die aufregende Welt der DNA-Genealogie betreten. DNA-Tests können helfen, faszinierende Familiengeschichten aufzudecken und die schwierigsten Familienrätsel zu lösen. Mit dem Tool „Are your parents related?“ bei GEDmatch habe ich den Test gemacht, der zeigt, dass meine Eltern sehr eng miteinander verwandt sind. Meine Eltern teilen eine gemeinsame DNA 91 centiMorgan, was auf die Verwandtschaft „Cousinen dritten Grades“ hinweist. Was für eine überraschende Entdeckung, ich hatte keine Ahnung, dass meine Eltern miteinander verwandt waren.

DNA-Tests zeigen mit faszinierender Klarheit die Verwandtschaft, die uns Zaza-Stämme miteinander verbindet. Mehr als **8.500** potenzielle DNA-Verwandte erschienen. DNA-Tests offenbaren, wie eng wir verwandt sind. Die Herausforderung für mich besteht darin, genau herauszufinden, wie wir verwandt sind. Die Provinzen in Ostanatolien, in denen DNA-Matches am häufigsten vorkommen, sind Tunceli, Erzincan, Bingöl, Sivas (İmranlı, Zara, Kangal, Ulaş), Muş (Varto), Erzurum, Elazığ, Gümüşhane (Kelkit) und Bayburt. Die Kleinstadt Pülümür in Tunceli ist bei DNA-Tests mit Stämmen wie Lolan, Balaban, Arılı, Baba Mansur, Çarekli, Kemanlı, Rotanlı, Sisanlı, Şavalanlı und Şeyh Hasanlar überrepräsentiert. Praktisch alle 220 Zaza-Stämme haben an DNA-Tests teilgenommen. Die in Tests am stärksten vertretenen Stämme sind Koçgiri, Hormek, Lolan, Balaban, Şadılı, Arılı, Alanlı, Haydaran, İzol, Baba Mansur, Kureyş, Derviş Cemal, Şeyh Hasanlar, Abbas Uşağı und so weiter.

Meine gemeinsamen Matches mit Zaza-Cousins wurden bei Schwellenwerten zwischen 15 und 1.800 centiMorgan berücksichtigt. Übereinstimmungen mit entfernten DNA-Cousins bilden Schwellenwerte zwischen 5 und 20 centiMorgan. Meine entfernten DNA-Cousins aus der ganzen Welt sind Kurden, Türken, Lasen, Armenier, Griechen, Iraner, Nordamerikaner, Osteuropäer, Tscherkessen, Araber, Georgier, Afghanen, Juden und so weiter. Eine Tendenz unter den

Zazas, die zu konvertierten Sunnitische Muslime nach 1514 zeigen niedrige gemeinsame DNA-Matches zwischen 20 und 40 centiMorgan. Dies kann auf Mischehen mit anderen ethnischen sunnitischen Muslimen wie Kurden, Türken und Lasen zurückzuführen sein. Bei meinen Khorasan-Cousins liegen die Matches zwischen 15 und 30 centiMorgan. Die vor mehr als 2.800 Jahren ausgewanderten Goranî-Cousins sind mit meinen gemeinsamen Matches zwischen 12 und 20 centiMorgan.

In den 1510er Jahren wurden Zazas/Aleviten in die Provinzen Tokat, Amasya, Yozgat und Çorum deportiert, und sie stimmen mit meinen Matches von 30 bis 40 centiMorgan überein. Der Zaza-Stamm Ömeran wurde aus der Provinz Bingöl in die Provinzen Diyarbakır und Mardin deportiert und wanderte dann 1850 mit meinen gemeinsamen DNA-Matches zwischen 25 und 40 centiMorgan in den Distrikt Konya. Ich gehöre zum Stamm Hormek. Mischehen aus dem 15. Jahrhundert zwischen Hormek und anderen Zaza-Stämmen mit meinen gemeinsamen Matches liegen zwischen 80 und 240 centiMorgan. Mein Stamm Hormek weist einen hohen Anteil an Mischehen mit Stämmen wie Balaban, Lolan, Arılı, Maskan, Koçgiri, Şadılı, Menikan, Demenan, Karsan, Şıh Hasan, Adaklı, İzol, Bahtiyar, Arey, Haydaran, Laçin Uşağı, Çarekli, Sarı Saltık, Kureyş, Alanlı, Şavalanlı, Keman, Karaballı, İbikiyan, Abdalan, Abasan, Baba Mansur, Derviş Cemal, Ağu İçen, Rotanlı und so weiter. Die meisten dieser Stämme gehören zu den Provinzen Tunceli, Bingöl, Erzincan, Muş und Sivas (İmranlı, Zara, Kangal, Ulaş). Meine armenischen Cousinen aus aller Welt haben ihre Wurzeln in Varto, Kığı, Palu, Hozat, Hınıs, Çemişgezek, Kemah, Elazığ, Erzurum, Sivas, Bitlis und Van.

Die Zazas, die vor 100 Jahren Mischehen mit Nordamerikanern und Westeuropäern (Arbeitern in der Bergbau- und Autoindustrie in den USA) eingegangen sind und in ihrer Zaza-Ethnie noch ein Viertel im Genom haben, zeigen knapp über 40 centiMorgan in meinem DNA-Match. Aus dem Nordkaukasus kamen die Tscherkessen, die sich 1864 in Varto (Muş) niederließen und Mischehen mit dem Zaza-Volk mit 15 centiMorgan eingingen. Viele Armenier sind Halb-Zaza (Bingöl, Elazığ, Muş, Tunceli), leider leugnen sie ihre Herkunft kategorisch. Die Testfirma AncestryDNA stellt für Armenier 0–5 % und für Zazas 45–75 % eindeutig iranische/persische Abstammung fest.

Mit den Methoden zur Identifizierung gemeinsamer Vorfahren „Advanced DNA Comparison", „Chromosome Browser", „One-To-Many DNA Comparison" und „Triangulation" kann eine hohe Häufigkeit von Mischehen zwischen den „Evladî-Resul"-Stämmen nachgewiesen werden. Praktisch alle diese „Dede"-Clans sind sehr eng miteinander verwandt und haben aufgrund der Einheirat und ihrer gegenseitigen Abstammung gemeinsame Vorfahren. Es scheint, dass die „Evladî-Resul"-Stämme gut durchdacht waren und es vermieden, die anderen Zaza-Stämme gemäß dem Inzest-Tabu zu heiraten. Insbesondere ist es strengstens verboten, zwischen den Familien „Dede" und den Familien „Talip" zu heiraten.

Viele Verwandte auf dem Balkan haben mich zunächst verwirrt, da ich nicht weiß, dass ich osteuropäische Wurzeln habe. Ich habe darin gegraben. Kam meine eigene Familie vom Balkan oder war es umgekehrt? Forschungen und nachgewiesene Erfahrungen, dass Janitscharen (Elitetruppen des Osmanischen Reiches) und Bektaşier (der alevitische Sufi-Derwisch-Orden) im Jahr 1514 Flüchtlinge waren, erklärten die Spuren in meiner DNA. Es waren die Aleviten, die 1361 das Janitscharen-Korps gründeten. Innerhalb der Janitscharen-Armee hatten viele Aleviten Kommandoposten wie die „Yeniçeri Çavuşu" (Janitscharen-Unteroffizier). Dank der Janitscharen-Truppen erweiterte das Osmanische Reich seine Grenzen in Europa und gewann Krieg nach Krieg. Es ist gut möglich, dass viele der Janitscharensoldaten mit Zaza-Abstammung nach diesem ständigen Krieg in Europa, zum Beispiel der Schlacht bei Wien (Kahlenbergschlacht) 1683, nicht nach Anatolien zurückgekehrt sind.

Das Familiennamengesetz wurde 1934 in der Türkei eingeführt. Der Grund dafür ist, dass keine Einwohner der Türkei ein Patronym oder Metronym haben. Ansonsten hätte es interessant sein können, schnell überprüfen zu können, ob wir Zazas gemeinsame Familiennamen haben, bei denen wir nach der Verwandtschaft suchen können. Um meine Verwandten zu bestimmen, wurde mein DNA-Profil mit etwa **3.500** Zaza-Individuen aus der ganzen Welt verglichen. Die zusammenfassende Tabelle zeigt Durchschnittswerte der geschätzten ethnischen Verteilung der Zaza-Kandidaten für verschiedene DNA-Testunternehmen. DNA-Ergebnisse von Mischehen mit dem Zaza-Volk und den sehr entfernten Cousins, gemeinsame DNA-Matches unter 12 centiMorgan, wurden nicht in die Statistik aufgenommen.

Die Ethnizitätskategorien der Testfirma Myheritage sind zu breit gefächert und verfälschen alle Ergebnisse, ein unausgegorenes und sehr abweichendes Ergebnis. Die Testfirma AncestryDNA ist ein ideales Werkzeug für die ethnischen Kategorien im Nahen Osten.

Die folgende Tabelle zeigt die Durchschnittswerte von 3.500 Zaza-DNA-Kandidaten aus der ganzen Welt.

Ethnizitätsschätzung	**Ancestry**	**23andMe**	**Myheritage**	**FamilyTree**	**LivingDNA**
Iran/Persien	**59,4 %**				
Türkei & Kaukasus	**39,8 %**				
Nahen Osten	0,4 %		3,2 %	**88,2 %**	**89,8 %**
Südasien	< 0,1 %	0,1 %	2,2 %		
Zentral- & Nordasien	0,1 %				
Westasien		**98,4 %**	**86,1 %**		
Europa		0,8 %			
Nordafrika			1,7 %		
Ostasien	< 0,1 %	0,4 %			
Nord- & Westeuropa			1,2 %		
Subsahara-Afrika		0,1 %			
Südeuropa	0,1 %		3,9 %		
Zentralasien			1,1 %		
Osteuropa			0,6 %		
Zentral- & Südasien				**8,4 %**	**10,2 %**
Südosteuropa				2,4 %	
Nicht zugewiesen		0,2 %		1,0 %	

Die folgende Tabelle zeigt meine eigenen DNA-Ergebnisse von verschiedenen Testfirmen.

Ethnizitätsschätzung	**Ancestry**	**23andMe**	**Myheritage**	**FamilyTree**	**LivingDNA**
Iran/Persien	**52,0 %**				
Türkei & Kaukasus	**44,0 %**				
Nahen Osten	2,0 %			**90,0 %**	**88,8 %**
Südasien	1,0 %				
Zentral- & Nordasien	1,0 %				
Westasien		**98,3 %**	**82,0 %**		
Ostasien		1,2 %			
Europa		0,1 %			
Südeuropa			9,6 %		
Zentralasien			6,3 %		
Osteuropa			2,1 %		
Zentral- & Südasien				**7,0 %**	**11,2 %**
Südosteuropa				3,0 %	
Nicht zugewiesen		0,4 %			

Die Zusammenstellung der autosomalen DNA von 3.500 Zaza-Kandidaten wurde wie folgt durchgeführt:

- **Westasiat 93,1 %** = Westasien (98,4 % + 86,1 %) + Iran/Persien (59,4 %) + Türkei & Kaukasus (39,8 %) + Nahen Osten (89,8 % + 88,2 % + 3,2 % + 0,4 %).
- **Zentral- & Südasiat 4,4 %** = Zentral- & Südasien (10,2 % + 8,4 %) + Südasien (2,2 % + 0,1 % + 0,1 %) + Zentralasien (1,1 %) + Zentral- und Nordasien (0,1 %).
- **Europäer 1,8 %** = Südeuropa (3,9 % + 0,1 %) + Südosteuropa (2,4 %) + Nord- & Westeuropa (1,2 %) + Europa (0,8 %) + Osteuropa (0,6 %).
- **Nordafrikaner 0,4 %** = Nordafrika (1,7 %) + Subsahara-Afrika (0,1 %).
- **Ostasiat 0,1 %** = Ostasien (0,4 % + 0,1 %).

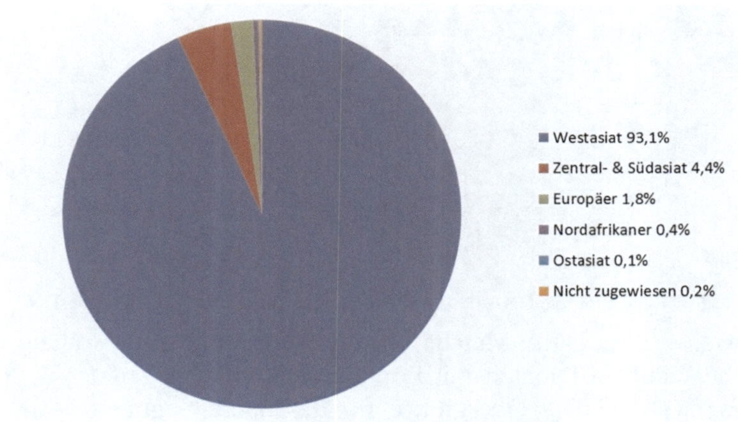

Bild 33. Mittlere autosomale DNA von 3.500 Zaza-Kandidaten

Die Prozentsätze stellen den Anteil der MyHeritage DNA-Nutzer in der Türkei dar, die diese ethnische Zugehörigkeit haben: Westasiatisch 31,8 %, Zentralasiatisch 12,5 %, Nahöstlich 11,1 %, Italienisch 9,0 %, Balkanisch 8,8 %, Nordafrikanisch 5,5 %, Osteuropäisch 5,3 %, Griechisch 5,1 %, Westeuropäisch 2,3 %, Skandinavisch 2,0 %, Baltisch 2,0 %, Englisch 1,6 %, Iberisch 1,4 %, Südasiatisch 0,8 % und Irisch 0,8 %. In der Türkei gibt es etwa 42 verschiedene ethnische

Gruppen. Aber alle Berechnungen, wie groß sie sind, sind unsicher. Es gibt auch politische und manchmal ethische Probleme bei dem Versuch, die Bevölkerung in ethnische Gruppen einzuteilen. Die größten ethnischen Gruppen sind Türken, Kurden, Zazas, Lasen, Georgier, Araber, Tscherkessen, Bosnier, Zigeuner, Albaner, Juden und so weiter.

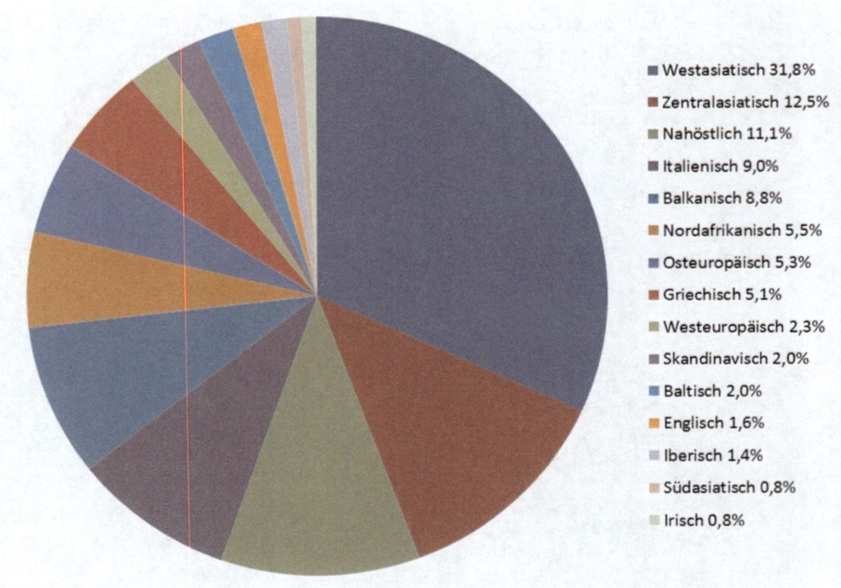

Bild 34. Autosomale DNA der Bevölkerung der Türkei nach MyHeritage-DNA

Meine alten DNA-Matches können mit dem Tool „Archaic DNA Matches" auf GEDmatch mit Populationen auf der ganzen Welt verglichen werden. Die Obergrenze für das obere Segment wird auf 1 centiMorgan angepasst. Die antiken Exemplare reichen im Alter von etwa 1.100 bis 50.000 Jahre alten Funden aus archäologischen Stätten in Europa, Asien (Sibirien) und Amerika. Jedes Land repräsentiert eine Anzahl von übereinstimmenden Fundorten. Allem Anschein nach Berichten zufolge haben diese Skelettfunde ihre Wurzeln in Anatolien. Der 30.000 Jahre alte Denisova-Fund in Sibirien weist auf ein sehr kurzes DNA-Stück auf Segment 22 (Family Tree und MyHeritage-DNA) hin.

Land	Alter	Ancestry	23andMe	Myheritage	FamilyTree	LivingDNA
Russland	2000-50000	21	14	21	22	22
Deutschland	1100-7200	25	12	25	21	22
Ungarn	2900-7200	9	3	9	9	9
Spanien	3600-5200	8	6	7	8	8
Schweden	1500-7000	6	3	6	6	3
England	1300-2000	2	1	4	4	3
Irland	1600-3200	4	2	4	4	4
USA	8300-12600	2	1	2	2	1
Georgien	9700-13700	2	2	2	2	2
Tschechien	~ 2000	2	1	2	2	2
Schweiz	~ 13700	1	1	1	1	1
Luxemburg	~ 8000	1	1	1	1	1
Italien	~ 5400	1	1	1	1	1
Polen	~ 3400	1	1	1	1	1
Estland	~ 2000	1	1	1	1	1
Grönland	~ 4000	1	1	1	1	1

Ich trage in 23andMe Paternal Haplogroup Y-DNA **R-L23** und Maternal Haplogroup mtDNA **J1** sowie in LivingDNA Haplogroup Y-DNA **R-M269 (R1b)** und Maternal Haplogroup mtDNA **J1 (J1d5a)**. Die Y-DNA R-M269 (R1b) selbst ist stark mit den neolithischen Erweiterungen verbunden. Als Bauern aus Anatolien die Landwirtschaft auf den europäischen Kontinent brachten, zogen sie oft um und züchteten einheimische Jäger-Sammler-Populationen. Es wird angenommen, dass sie vor etwa 4.500–9.000 Jahren in dieser Zeit entstanden ist, und ist daher eine sehr nützliche Haplogruppe für Genetiker und Archäologen, die die Migrationsmuster dieser landwirtschaftlichen Populationen verfolgen möchten. Heute tragen schätzungsweise 110 Millionen europäische Männer den Y-DNA R-M269-Vater, mit den höchsten Häufigkeiten im Westen. Dies folgt der landwirtschaftlichen Ausbreitung, die von Anatolien nach Europa gelangt wäre, bevor sie sich nach Frankreich und Großbritannien ausbreitete. Die Häufigkeit von Y-DNA R-M269 nimmt in Richtung Osteuropa mit zunehmender Häufigkeit von Y-DNA R1a-Vaterlinien ab. Nur 10–15 % der Männer in der Türkei tragen Y-DNA R-M269 und etwa 9 % der Zazas weltweit tragen Y-DNA R-M269.

Bei Männern mit väterlicher Herkunft von Zaza gehört die Haplogruppe am häufigsten zur Haplogruppe **R** (ca. 51 %), gefolgt von **J** (ca. 27 %), **E** (ca. 8 %), **G** (ca. 4 %), **L** (ca. 3 %), **Q** (ca. 2 %) und **C**, **H**, **I**, **N**, **T** (jeweils ca. 1 %).

Sowohl bei Frauen als auch bei Männern mit mütterlicher Herkunft von Zaza ist die Zugehörigkeit zur Haplogruppe **H** (ca. 34 %) am häufigsten, gefolgt von **U** (ca. 25 %), **J** (ca. 14 %), **T** (ca. 10 %), **R** (ca. 5 %), **K** (ca. 4 %), **B**, **D**, **I** (jeweils ca. 2 %) und **N**, **X** (jeweils ca. 1 %).

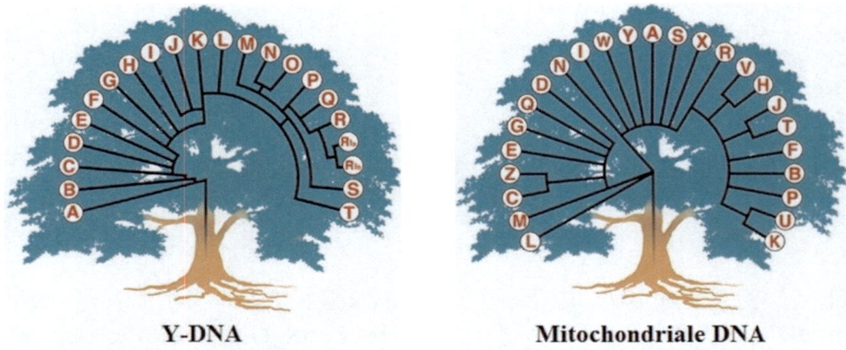

Bilder 35. Haplogruppe Y-DNA-Baum und Haplogruppe mtDNA-Baum

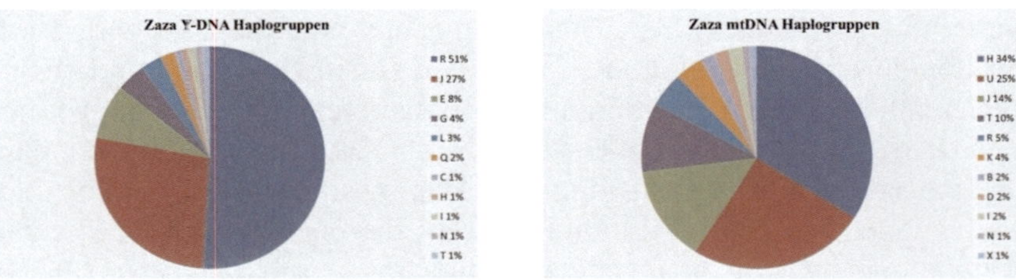

Bild 36. Zaza Y-DNA und mtDNA Haplogruppe

In der Umgebung von Zazadiyar wurden viele uralte menschliche Skelettfunde gefunden. In Anatolien wurden neun dieser alten menschlichen DNAs untersucht. Die Ergebnisse der DNA-Studie der prähistorischen anatolischen Völker zeigen Folgendes:

- Fund 1: Karaman „Epipaleolithic" 13642–13073 v. Chr. Paternal Haplogroup Y-DNA **C1a2** und Maternal Haplogroup mtDNA **K2b**.
- Fund 2: Çatalhöyük „Pre-Pottery Neolithic" 8300–7800 v. Chr. Paternal Haplogroup Y-DNA **G2a2b2b**, **C** und Maternal Haplogroup mtDNA **U3**, **K1a**, **N1a1a1**.
- Fund 3: Niğde „Pottery Neolithic" 7500–5800 v. Chr. Maternal Haplogroup mtDNA **K1a12a**, **N1a1a1**, **N1b1a**.

- Fund 4: Bursa „Pottery Neolithic“ 6400–6000 v. Chr. Paternal Haplogroup Y-DNA **J2a**, **H2**, **G2a2b2a** und Maternal Haplogroup mtDNA **K1a4**, **N1a1a1**, **N1b1a**, **J1c11**.
- Fund 5: Bursa „Pottery Neolithic“ 6400–5600 v. Chr. Paternal Haplogroup Y-DNA **G2a2a**, **I**, **G** und Maternal Haplogroup mtDNA **X2m2**, **K1a4**, **N1a1a1**, **H**, **K1a2**.
- Fund 6: Malatya „Late Chalcolithic“ 3941–3031 v. Chr. Paternal Haplogroup Y-DNA **J2a1a**, **E1b1b1b2a1a1**, **H2** und Maternal Haplogroup mtDNA **J1c16**, **U1a1d**, **T1b**.
- Fund 7: Niğde „Early Bronze Age“ 2700–2000 v. Chr. Paternal Haplogroup Y-DNA **J-M410** und Maternal Haplogroup mtDNA **H**, **J1c10a**.
- Fund 8: Denizli „Anatolian Bronze Age“ 2800–1800 v. Chr. Paternal Haplogroup Y-DNA **J1a** und Maternal Haplogroup mtDNA **H**, **K1a2**, **T2b**.
- Fund 9: Urfa „Early Bronze Age“ 2331–2143 v. Chr. Paternal Haplogroup Y-DNA **J2b**.

In den Distrikten Kermanshah und Mahabad im Westen des Iran wurden vier uralte Skelettfunde gefunden. Die Ergebnisse der DNA-Studie der prähistorischen Völker zeigen Folgendes:

- Fund 1: Kermanshah „Early Neolithic“ 8200–7700 v. Chr. Maternal Haplogroup mtDNA **R2**, **T2c**.
- Fund 2: Kermanshah „Early Neolithic“ 7500–7000 v. Chr. Paternal Haplogroup Y-DNA **G2b** und Maternal Haplogroup mtDNA **J1d6**.
- Fund 3: Kermanshah „Neolithic“ 5900–5600 v. Chr. Paternal Haplogroup Y-DNA **G2a1** (xG2a1a) und Maternal Haplogroup mtDNA **K1a12a**.
- Fund 4: Mahabad „Iron Age“ 971–832 v. Chr. Paternal Haplogroup Y-DNA **R1b1a2a2** und Maternal Haplogroup mtDNA **N1a3a**.

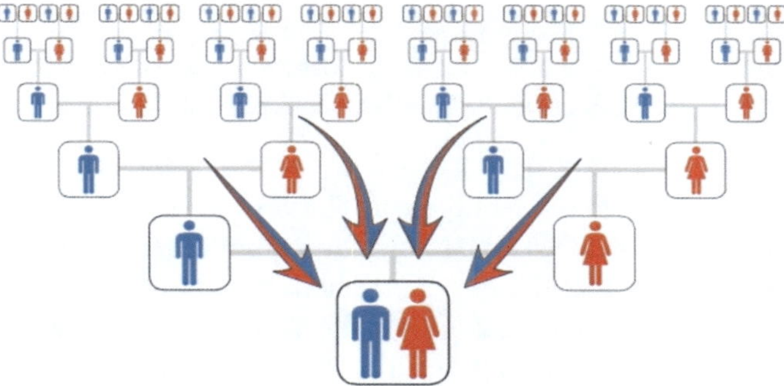

Bild 37. Archiv der autosomalen DNA

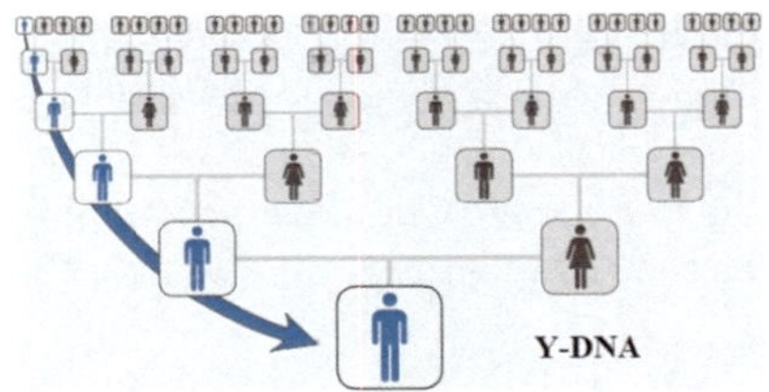

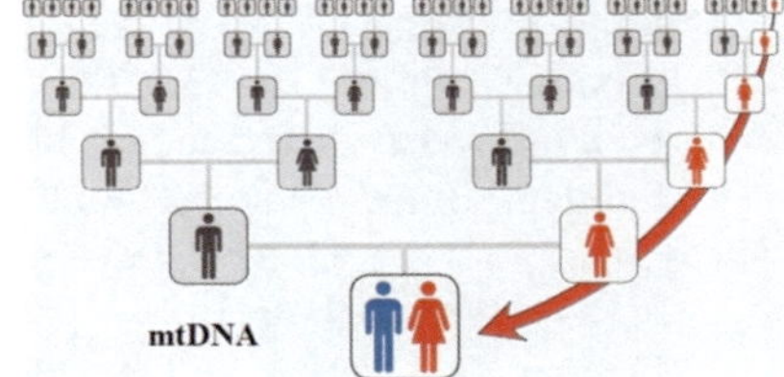

Bild 38. Y-Chromosom (Y-DNA) und mitochondriale DNA (mtDNA)

In weiten Teilen des Kaukasus wurden DNA-Analysen von elf uralten Skeletten durchgeführt. Die Ergebnisse der DNA-Studie des kaukasischen prähistorischen Volkes zeigen Folgendes:

- Fund 1: Kutaisi „Satsurblia" 11400–11100 v. Chr. Paternal Haplogroup Y-DNA **J** und Maternal Haplogroup mtDNA **K3**.
- Fund 2: Kutaisi „Kotias" 7900–7500 v. Chr. Paternal Haplogroup Y-DNA **J2a** und Maternal Haplogroup mtDNA **H13c**.
- Fund 3: Pyatigorsk „Eneolithic Steppe" 4336–4047 v. Chr. Paternal Haplogroup Y-DNA **R1a1a** und Maternal Haplogroup mtDNA **I3a**, **H2**.
- Fund 4: Nakhchivan „Chalcolithic" 4300–3700 v. Chr. Paternal Haplogroup Y-DNA **L1a** und Maternal Haplogroup mtDNA **H**, **H2a1**, **K1a8**.
- Fund 5: Vladikavkaz „Maykop" 3695–3545 v. Chr. Maternal Haplogroup mtDNA **J2a1**.
- Fund 6: Gyumri „Kura-Araxes" 3631–3030 v. Chr. Paternal Haplogroup Y-DNA **G2b** und Maternal Haplogroup mtDNA **R1a1**, **K3**.
- Fund 7: Ashtarak „Kura-Araxes" 3400–3100 v. Chr. Maternal Haplogroup mtDNA **U3a2**.
- Fund 8: Pyatigorsk „North Caucasus" 2863–2581 v. Chr. Paternal Haplogroup Y-DNA **R1ba2** und Maternal Haplogroup mtDNA **H13a1a2**.
- Fund 9: Chambarak „Kura-Araxes" 2600–2400 v. Chr. Paternal Haplogroup Y-DNA **R1b1-M415** und Maternal Haplogroup mtDNA **H1u**, **X2f**.
- Fund 10: Nalchik „North Caucasus" 1971–1700 v. Chr. Paternal Haplogroup Y-DNA **J2b** und Maternal Haplogroup mtDNA **X2i**, **HV1a1**.
- Fund 11: Ashtarak „Middle-Late Bronze Age" 1500–1400 v. Chr. Maternal Haplogroup mtDNA **T1a1**.

Die Ergebnisse der DNA-Studie von Haplogruppe mtDNA **R2**, **J1d6** und Haplogruppe Y-DNA **R1b1a2a2** aus Kermanshah und Mahabad im Westiran können mit der väterlichen Herkunft der Zaza-Volkes Haplogruppe **R** (ca. 51 %) und **J** (ca. 27 %) und der mütterlichen Herkunft verglichen werden Haplogruppe **J** (ca. 14 %) und **R** (ca. 5 %). Die Übereinstimmungen des Zaza-Volkes gehören zur Haplogruppe

R1b (R-M269) und zur Haplogruppe **J1**, was beweist, dass Zazas ihre Verwandtschaft rund 6.000 Jahre in die Vergangenheit zählen. Die Ergebnisse von DNA-Studien, die sich mit den prähistorischen anatolischen und kaukasischen Völkern befassen, folgen jedoch nicht ausreichend dem Verwandtschaftsmuster mit den DNA-Bäumen des Zaza-Volkes. Andererseits verschmelzen die Skelettfunde im östlichen Anatolien in Malatya und Urfa mit der väterlichen Haplogruppe J2a, J2b und der mütterlichen Haplogruppe U1a, J1c teilweise mit den DNA-Bäumen des Zaza-Volkes.

Die Skythen werden erstmals im späten 9. Jahrhundert v. Chr. in historischen Quellen gefunden, als sie nach Ostanatolien auswanderten. Die Skythen hinterließen Tausende von Kurganen (Grabhügeln). Viele Ornamente, die in den Grabhügeln gefunden wurden, zeigen das skythische Alltagsleben. Die genetische Variation innerhalb der skythischen Nomadengruppe ist so groß, dass sie damit erklärt werden muss, dass sie sich an Menschen anschlossen, mit denen sie in Kontakt kamen. Die zentrale eurasische Steppe scheint ein sehr dynamischer Ort gewesen zu sein. Eine bedeutende geografische Region, die sowohl als Schmelztiegel und Baumschule für den Menschen als auch für kommunikative und technologische Innovationen fungierte. Hier trafen sich Menschen und tauschten Ideen sowie Gene aus. Diese alten Völker gehörten zur väterlichen Haplogruppe Y-DNA R-M17, R1a und zur mütterlichen Haplogruppe mtDNA mtDNA N1, F2a. Die Zaza-Völker gehören zu etwa 4 % der väterlichen Haplogruppe Y-DNA R-M17 an.

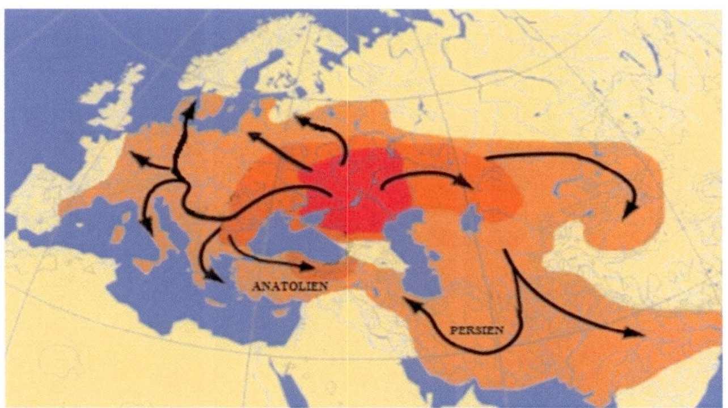

Bild 39. Indoeuropäische Migrationen ca. 4000–1000 v. Chr. nach der Kurgan-Hypothese

Das DNA-Testunternehmen 23andMe präsentiert das Erbe der Neandertaler in Bezug auf die Anzahl der genetischen Varianten, die es trägt. Ich habe mehr 253 Neandertaler-Varianten als 32 % der 23andMe-Kunden. Meine Neandertaler-Vorfahren machen jedoch weniger als 4 % meiner gesamten DNA aus. Nahe Cousins (ca. 100 Personen) haben im Durchschnitt mehr 234 Neandertaler-Varianten als 11 % der 23andMe-Kunden. Die moderne Genforschung liefert überraschende Ergebnisse. Die Gene des Neandertalers finden sich beim modernen Menschen in allen Teilen der Welt, auch dort, wo noch nie ein Neandertaler gelebt hat. Ausnahme ist Subsahara-Afrika. Die Kreuzung zwischen Neandertaler und **Homo sapiens** muss früh stattgefunden haben – vielleicht vor 100.000 Jahren im Nahen Osten. Seitdem wurden die Gene der Neandertaler von unseren wandernden Vorfahren nach Asien, Australien und Amerika weitergegeben. Als wir modernen Menschen *Homo sapiens* den Neandertalern begegneten, mischten wir uns gerne unter sie. Die modernen Europäer, Asiaten und Amerikaner, die etwa 2 % ihrer Gene von den Neandertalern erben.

Ostanatolien ist geprägt von der Überschneidung alter Hochkulturen. Die Ureinwohner waren Sumerer (4000 v. Chr.) und Hethiter (3000 v. Chr.). Es war Schauplatz vieler Invasionen verschiedener Imperien, die sich gegenseitig ersetzten. Die alten iranischen Volksgruppen in der Region waren die Elamer (3200 v. Chr.), Gutäer (3000 v. Chr.) und Parther (1000 v. Chr.). Aus dem

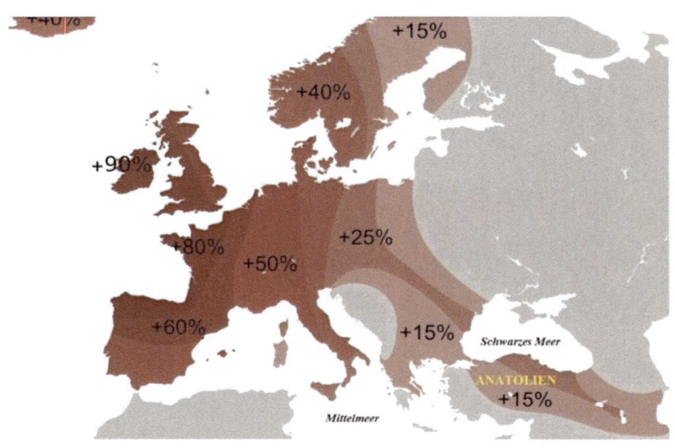

Bild 40. Haplogruppe R-M269 Y-DNA

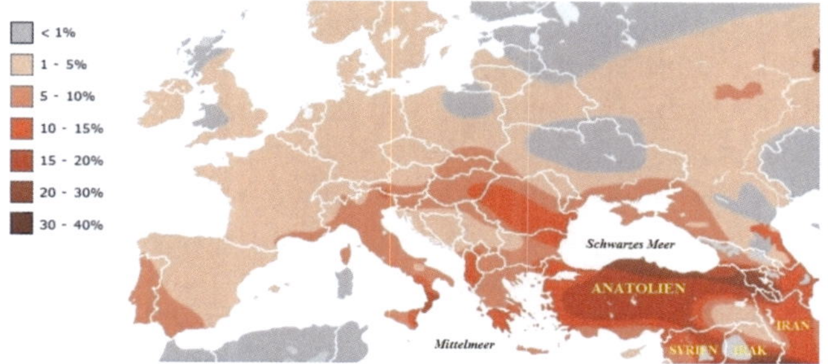

Bild 41. Haplogruppe R1b-L23 Y-DNA

Kaukasus kamen die Hurriter (3000 v. Chr.), Meder (2000 v. Chr.), Kimmerer (1400 v. Chr.), Urartäer (1200 v. Chr.) und Skythen (800 v. Chr.).

Den stärksten Nachweis meiner Abstammung fand die Testfirma 23andMe in den folgenden zehn Provinzen der Türkei: 1 Tunceli (stärkste), 2 Erzincan, 3 Sivas, 4 Elazığ, 5 Bingöl, 6 Muş, 7 İstanbul, 8 Malatya, 9 Kayseri und 10 Osmaniye (schwächste). Zudem deutete eine Provinz Razavi im Nordosten von Khorasan in den Iran auf moderate Ethnie hin. Große Wanderungen der Kırmanç nach Osten nach Khorasan im Iran scheinen im Jahr 800 v. Chr. stattgefunden zu haben. Nordzazas tragen den Namen „Kırmanç" (Kurmanç). Das Vaterland des Zaza-Volkes umfasst die Provinzen Muş, Bingöl und Tunceli. Erzincan wurde im 13. Jahrhundert zur Epoche der Seldschuken von Zazas besiedelt und die Flucht nach Sivas erfolgte in den 1510er Jahren nach Massakern an Aleviten/Zazas durch Yavuz Sultan Selim. Nach Massenexekutionen von Zazas in Dersim im Jahr 1938 wurden acht Zaza-Stämme gewaltsam nach Kayseri, Malatya, Sivas, Osmaniye, Tokat, Yozgat, Amasya und Çorum umgesiedelt.

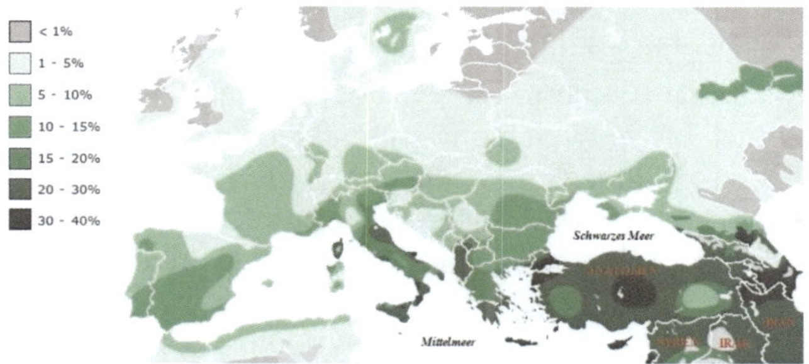

Bild 42. Haplogruppe J2 Y-DNA

Die Testergebnisse der fünf Unternehmen belegen Ethnizität für Zazas aus aller Welt **Westasien**, **Iran/Persien**, **Türkei** und **Kaukasus** sowie **Nahen Osten**. Ostanatolien war das Land der alten Elamer, Hethiter, Sumerer, Hurriter, Urartäer und so weiter. Die Migration der mesopotamischen Volksgruppen der Elamer und Sumerer nach Nordwestindien (Rajasthan) um 2200 v. Chr. liefert die Grundlage für die zentral-/südasiatische ethnische Herkunft. Zu den alten Bewohnern des Iran zählten Völker und Kulturen, die zu den frühesten Bauern der Welt gehörten und **„Kerpiç"**-Ziegelhäuser bauten.

Eine bekannte Zivilisation an der Westgrenze des Iran war **Elam**, dessen Völker Städte bauten, eine geschriebene Sprache hatten und mit alten Zivilisationen kämpften. Die Geschichte des Landes Elam lässt sich bis ins vierte Jahrtausend v. Chr. zurückverfolgen. Das Gebiet wurde dann von der mesopotamischen Uruk-Kultur bedeckt. Um

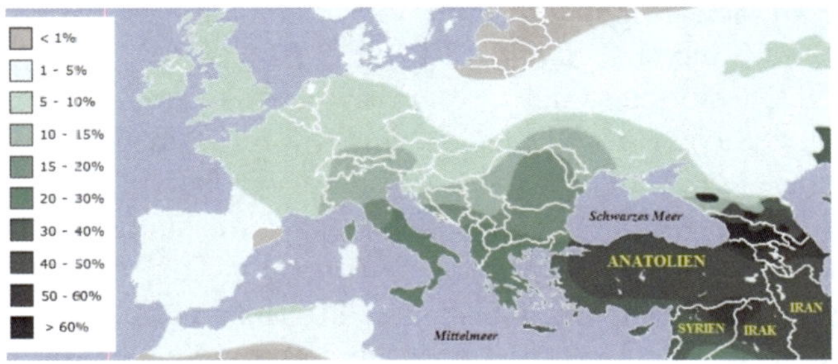

Bild 43. Westasiatische Mischung

3200 v. Chr. begann die proto-elamische Periode. Aus dieser Zeit stammen die ältesten Texte, die zu den absolut ältesten der Welt zählen. Diese proto-elamische Schrift hat große Ähnlichkeit mit der ersten Keilschrift der Sumerer. Es wurde angenommen, dass sich die Schrift von Sumer nach Elam ausbreitete, aber es könnte genauso gut das umgekehrte Verhältnis gewesen sein. Eine kulturelle Grenze verlief zwischen den Elamern, die die Flussebenen im Tiefland bewohnten, und denen, die im weiter entfernten Hochland lebten.

Die Tieflandkultur wurde stärker von den zeitgenössischen mesopotamischen Kulturen im Westen beeinflusst. Das Leben in der landwirtschaftlichen Gemeinschaft im Tiefland ähnelte eher dem Leben in Mesopotamien im Vergleich zu den unterschiedlichen klimatischen Bedingungen im Hochland. Elam verfügte über reiche natürliche Ressourcen in Form von Metallen, Steinen und Holz. Diese wurden be-

Bild 44. Paläo-sumerisches Reich ca. 2400 v. Chr.

sonders von den Völkern Mesopotamiens gesucht, denen diese natürlichen Ressourcen fehlten. Die beiden Nachbarländer scheinen Eroberungen und Plünderungen bevorzugt zu haben, um sich gegenseitig die wertvollen natürlichen Ressourcen zu erobern.

Die sumerische Zivilisation begann um 5000 v. Chr. Die ersten Sumerer waren Bauern, die hart arbeiteten, um die Kontrolle über die Flüsse Euphrat und Tigris zu erlangen. Sie wollten das Wasser der Flüsse nutzen, um die Ernten zum Leben zu erwecken und Überschwemmungen zu verhindern. Die Sumerer brauchten mehr Land zum Anbau und gruben Gräben im fruchtbaren Mesopotamien. So gewannen sie überall dort, wo es Überfluss gab, immer mehr Ackerland. Als die Sumerer Weizen anbauten, legten sie Kanäle oder Grä-

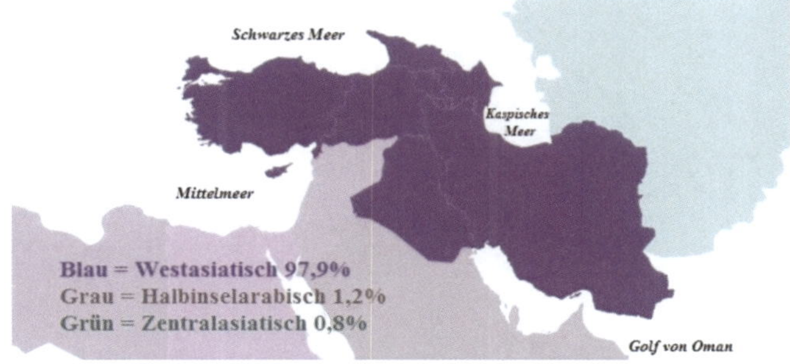

Bild 45. Meine 97,9% westasiatische Herkunft – 23andMeDNA

ben an, die sie mit Wasser aus den Flüssen in ihrer Nähe, dem Euphrat und dem Tigris, füllten. Diese Bemühungen scheinen eine größere und organisiertere Zivilisation geschaffen zu haben als andere landwirtschaftliche Gesellschaften.

Während der altsumerischen Zeit (ca. 2900–2300 v. Chr.) war die sumerische Zivilisation in mehrere Staaten aufgeteilt, aber eine Stadt als Zentrum jedes Staates. Es scheint, dass die Geistlichkeit viel von dem, was in diesen Staaten vor sich ging, kontrollierte. Die Stadtstaaten befanden sich oft im Krieg um Landflächen. Die frühe Zivilisation der Hethiter (ca. 2500 v. Chr.) beherrschte den größten Teil des alten Ostanatoliens. Tontafeln, die in **Hattuşaş** (Boğazkale) gefunden wurden, sind in acht verschiedenen Sprachen geschrieben und veranschaulichen die herausragende Rolle, die diese Stadt und Zivilisation während ihrer Herrschaft im internationalen Reiseverkehr spielten.

DNA ist der Baum der ungeschriebenen ethnischen Gruppen. Die effektive Isolation hat dem Zaza-Volk ihre eigene DNA gegeben. Es zeigt, dass Exklusivität und Endogamie in Zazadiyar die DNA der Zazas zu einer unverwechselbaren Spezies gemacht haben. DNA, Sprache, Migrationen, religiöse Umgebungen, Lebensgewohnheiten, Landwirtschaft und kulturelle Aktivitäten sind jedes Puzzleteil, das zum Wissen über die Ursprünge des alten Zaza-Volkes beiträgt. Die Ergebnisse der 3.500 Zaza-Kandidaten der Haplogruppe belegen eindeutig, dass die Vorfahren des Zaza-Volkes zu den uralte Skelettfunden in Kermanshah und Mahabad vor etwa 6.000 Jahren gehören. Die Begründung dafür ist eine kreative Art und Weise, unsere alten Ur-

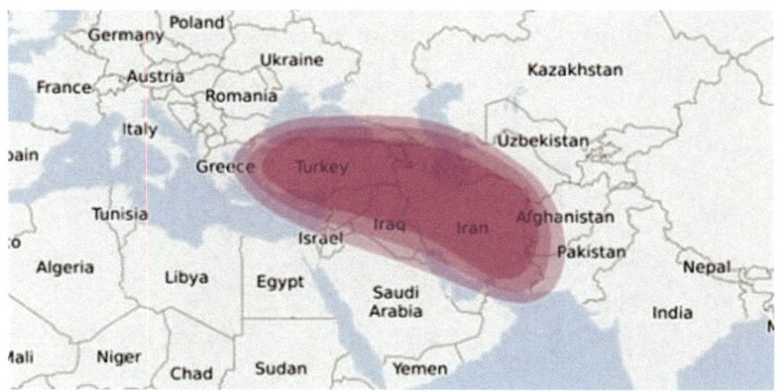

Bild 46. Gemeinsame Ethnien der Zaza-Kandidaten – MyHeritageDNA

sprünge zu erforschen. Die ethnische Herkunft des Zaza-Volkes kann mit einiger Vorsicht verteilt werden: **Elamer ca. 65 %**, **Sumerer ca. 20 %**, **Hethiter ca. 10 %** und **Kaukasier ca. 5 %**. Es ist jedoch wichtig zu beachten, dass diese Schätzungen auf Wahrscheinlichkeitsrechnungen basieren.

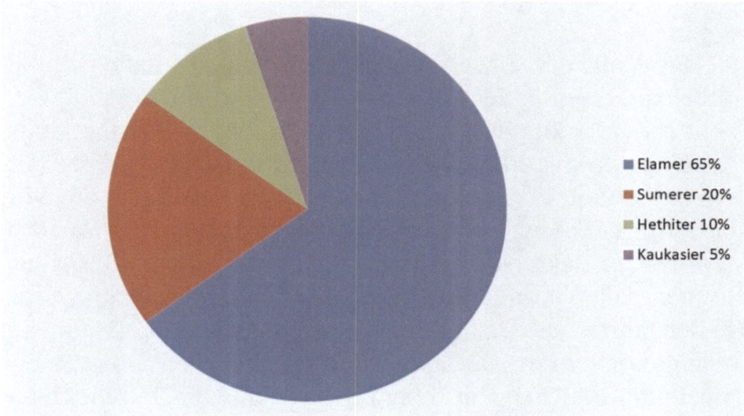

Bild 47. Ethnische Herkunft von 3.500 Zazas

Bild 48. Ostanatolien ca. 100 v. Chr.

DIE ALEVITISCHE RELIGION

Sowohl das Volk der Zaza als auch die Armenier hatten die älteste monolithische Religion der Welt, den Zarathustraismus (1500 v. Chr.). Das Volk der Zaza konvertierte zwischen **669** und **744** zum Islam und 301 Armenier konvertierten zum Christentum. Die Umstellung ist schrittweise erfolgt. Nach einer unbewiesenen Aussage wäre Muş die erste betroffene Provinz gewesen. Heute bekennen sich etwa 70 % des Zaza-Volkes zur Sekte **Alevismus** im Islam und etwa 30 % sind zum sunnitischen Islam konvertiert. Dımılî-Zazas (Südzazas) wurden in den 1510er Jahren aus der Provinz Tunceli deportiert und zum sunnitischen Islam konvertiert. Der Alevismus ist eine heterodoxe Religionsform im Islam und hat eine liberale Sicht auf die Entwicklung von Sekten. Innerhalb der Alevismus gibt es drei Glaubensrichtungen Caferî, İsmailî und Fatimî. Das Zaza-Volk gehört zur Caferî-Gemeinde. Das Wort „Alevismus“ leitet sich vom ersten Imam und dem vierten Kalifen **Ali** ab, dem Schwiegersohn und Cousin des Propheten Mohammed. Befürworter des Alevismus in der Türkei werden **„Alevi“** genannt, der Name stellt eine türkische Form des Wortes Imam Ali dar und ist ein elliptisches zusammengesetztes Wort von **„Ali Evi“** (Das Haus von Ali). Im Türkischen werden Doppelvokale und Doppelkonsonanten in einem zusammengesetzten Wort vermieden, das heißt das **„i“** fällt weg, was bedeutet, dass aus „Ali Evi“ **Alevi** werden.

Bild 49. Das Emblem des Alevismus

Geschätzte sektierererische Verteilungen der Aleviten/Sunniten innerhalb der drei Zaza-Gruppen können wie folgt sein: Kırmanç-Zazas (Nordzazas) sind ca. 95 % Aleviten und ca. 5 % Sunniten, Kırdkî-Zazas (Zentralzazas) sind ca. 75 % Aleviten und ca. 25 % Sunniten und Dımılî-Zazas (Südzazas) sind ca. 80 % Sunniten und ca. 20 % Aleviten.

Die **Aleviten** in der Türkei sind nicht zu verwechseln mit den arabischsprachigen **Alawiten** „Nusairier“ in Syrien. Sowohl Aleviten als auch Alawiten haben ihre Verehrung des ersten Imam Ali gemeinsam. Die Gemeinsamkeit beider Gruppen ist die Liebe zu Ehlî-Beyt. Ehlî-Beyt bedeutet das Haus des Propheten, das sich auf die fünf Familienmitglieder des Propheten Muhammad (gest. 632), Imam Ali (gest. 661), Saint Fatima (gest. 632), Imam Hasan (gest. 670) und Imam Hüseyin (gest. 681) bezieht.

Aleviten sind eher von den spirituellen Führern **Mürşit**, **Pir** oder **Rayber** geprägt. Diese geistlichen Führer Mürşit, Pir oder Rayber dienten auch als Richter und Vermittler in Konflikten, so dass die Aleviten außerhalb der osmanischen Justiz lebten. Die Aleviten beten nicht fünfmal am Tag, fasten nicht im Ramadan, müssen keine Almosen geben oder pilgern nach Mekka. **Hıdrellez** ist der 12-tägige Fastentag der Aleviten im Monat Muharrem, im Monat Januar im Hidschri-Almanach, und **Cemevi** ist ihr Gebetshaus und Treffpunkt. Alawitische „Nusairier“ in Syrien zeichnen sich durch eine Vielzahl von Bräuchen und Praktiken aus, die dem orthodoxen Islam zuwider-

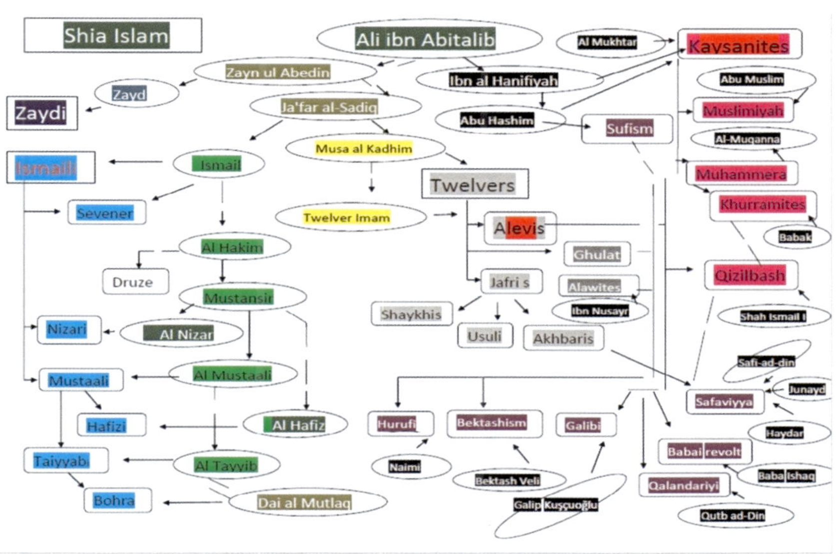

Bild 50. Die historische Entstehung des Alevi Tarikat

laufen, wie Weintrinken, Weihrauch, Reinkarnationslehre und eine Dreieinigkeit aus **Mohammed**, **Ali** und **Salman**. Alawiten „Nusairier" haben Moscheen, beten fünfmal am Tag und nehmen am Fastenmonat Ramadan teil. Sie haben weder Mürşit, Pir noch Rayber. Polygamie hat es in der Geschichte der Zaza-Aleviten noch nie gegeben. Einige kurdische Aleviten in der Türkei nehmen am Feuerfest (Nevruz) teil. Die Aleviten in Anatolien essen kein (haram) Kaninchenfleisch, keine Schalentiere und keine Greifvögel.

Die anatolischen Aleviten sind Zazas, Türken und Kurden. Die meisten Aleviten leben in der Türkei, wo sie eine Minderheit und sunnitische Muslime die Mehrheit bilden. Alevitische Gemeinschaften sind in Zentralanatolien konzentriert, in einem Gürtel von **Çorum** im Westen bis **Muş** im Osten. Aufgrund der ständigen Belästigung lebten viele alevitische krypto-sunnitische Muslime außerhalb des Kerngebiets. Die Größe der alevitischen Bevölkerung wird ebenfalls in Frage gestellt, aber die meisten Schätzungen gehen von 8 bis 10 Millionen Menschen oder etwa 12 % der Bevölkerung aus. Schätzungen über den Anteil der alevitischen Bevölkerung in der Türkei liegen zwischen 10 und 20 % und sogar 40 %. Zerstreute Minderheiten leben in Bulgarien, Albanien (Bektaşi), Iran, Irak, Libanon, Zypern, Kaukasus, Griechenland und der türkischen Diaspora (hauptsächlich Westeuropa und USA).

Zuvor wurden Aleviten als „Kızılbaş" (Rotköpfe) gruppiert, ein Oberbegriff, der von sunnitischen Muslimen im Osmanischen Reich für die verschiedenen schiitischen Sekten aus den 1510er Jahren wäh-

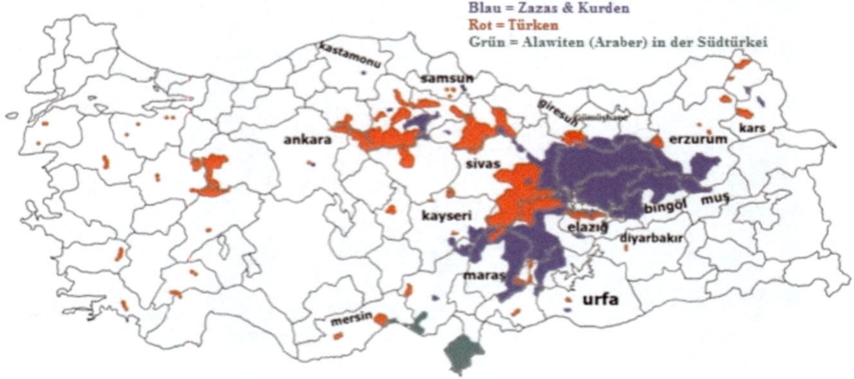

Bild 51. Verbreitung der alevitischen Bevölkerung in der Türkei

rend der Herrschaft von Yavuz Sultan Selim verwendet wurde. Es gibt viele andere Namen, oft für Untergruppen, darunter Tahtacı, Çepni, Abdal und Amucalı. Die Orden von Kızılbaş und Bektaşi teilten gemeinsame religiöse Überzeugungen und Praktiken, die mit den Aleviten vermischt waren und viele lokale Variationen aufwiesen. Isoliert von den sunnitischen Osmanen und den Zwölf Imam Shia Safawiden entwickelten Aleviten ab dem frühen 17. Jahrhundert Traditionen, Praktiken und Lehren, die sie als geschlossene autonome Religionsgemeinschaft kennzeichneten. Es gibt jedoch alevitische Philosophien, Bräuche und Rituale, die sich deutlich von denen der Zwölf Imam-Schiiten im Iran, im Irak und im Libanon unterscheiden. Als Folge des enormen Anpassungsdrucks an den sunnitischen Islam entwickelten die Aleviten eine Tradition der Opposition gegen alle Formen der äußeren Religion. Während der Jahrhunderte des Osmanischen Reiches war es den Alevismus verboten zu missionieren und der Alevismus regenerierte sich intern durch väterliche Vorfahren. Um das Eindringen feindlicher Außenseiter zu verhindern, bestanden die Aleviten auf einer strikten Endogamie, die sie schließlich zu einer quasi-ethnischen Gruppe machte. Einige der Unterschiede zwischen den Aleviten und Sunniten sind, dass sie sich als wahre muslimische Anhänger von Hacı Bektaş Veli betrachten, die die Rolle von Imam Ali über die Einheit Gottes und Mohammeds Prophezeiung hinaus betonen. Aleviten akzeptieren den Imam Ali als einzigen legitimen Nachfolger Mohammeds und fügen der Zeugenformel „Kelime-î şehadet" die Worte

Bild 52. Das Semah-Ritual – Westanatolien

„und der Imam Ali ist der Freund (oder Stellvertreter) Gottes“ hinzu. Für Aleviten sind der Prophet Muhammad und der Imam Ali beide Emanationen des Göttlichen Lichts, Muhammad ist der Ankünder und der Imam Ali ist der Bewahrer.

Intellektuelle Aleviten und spirituelle Führer in verschiedenen Gemeinschaften bemühen sich, die alevitische Identität, Tradition und Gruppengeschichte zu bewahren und zu definieren. Sie haben ihre eigenen religiösen Zeremonien „Cem“, die von heiligen Führern „Dede/Seyit“ geleitet werden, die ihren Beruf erben. Dede oder Seyit ist auf eine andere kollektive Weise für Mürşit, Pir oder Rayber. Das Wort Dede ist eigentlich ein Exonym und ist der türkische Name. Bei Treffen wird rhythmisch religiöse Poesie „Deyiş“ gelesen, werden türkische/zazaische Alevi-Lieder gesungen und gemeinsam tanzen Frauen und Männer das Ritual „Semah“. Aleviten verfügen über eine umfangreiche und viel gelesene religiöse Literatur, die hauptsächlich aus spirituellen Liedern, Deyiş-Gedichten und epischen Versen besteht. Semah wird von Männern und Frauen gemeinsam zur Begleitung von „Saz“ aufgeführt. Die Tänzer zum Beispiel symbolisieren den Umlauf der Planeten um die Sonne, indem sich Mann und Frau im Kreis drehen, und dass man zu sich selbst steht und sich mit Gott vereint. Es ist kein Zufall, dass der kosmische Tanz, dessen Choreografie auf der Rotation von Planeten, Sternen, Sternhaufen und Galaxien um ihre eigenen Achsen und um größere Systeme basiert, auch Semah ist, was Himmel bedeutet. Es gibt jedoch viele regionale Varianten von Semah.

Der zentrale alevitische Gottesdienst heißt „Cem“ (auf Türkisch

Bild 53. Cemevi – Bursa

Cem oder Ayinî Cem, was Ansammlung, Versammlung, Gemeinde oder Gemeindeversammlung bedeutet), der in speziellen Häusern namens Cemevi durchgeführt wird. Aleviten glauben, dass Cem seine Wurzeln in einer ursprünglichen Anbetungs- und Lehrveranstaltung von 40 spirituellen Personen „Kırklar Meclisi“ (Versammlung der Vierzig) unter der Leitung von Imam Ali hat. Es findet in einem Cemevi statt. Der angenommene Prototyp der Zeremonie ist die nächtliche Himmelfahrt des Propheten Muhammad, wo er eine Versammlung von vierzig Heiligen (Kırklar Meclisi) sah und die göttliche Realität in ihrem Führer, Imam Ali, erschien. Während der „Cem-Zeremonie“ spielt der Troubadour „âşık“ die „saz“ und singt dabei geistliche Lieder, die zum Teil Jahrhunderte alt und unter Aleviten bekannt sind. Jedes Lied namens „Nefes“ hat spirituelle Bedeutung und zielt darauf ab, den Teilnehmern wichtige Lektionen zu erteilen. Ein solches Lied lautet: „Lerne aus deinen Fehlern und deinem Wissen. Suche nicht nach Fehlern bei anderen. Schau dir 73 verschiedene Menschen auf die gleiche Weise an. Gott liebt und erschuf sie alle, also sag nichts gegen sie“. Die Liebe des Schöpfers zum Geschaffenen und umgekehrt wird in der Cem-Zeremonie mit Fruchtsaft oder Sorbet symbolisiert, die den Rausch des Liebenden im Geliebten darstellen. Am Ende der Cem-Zeremonie führt der Zeremonienleiter die Teilnehmer in eine Diskussion ein, diese Diskussion wird „Sohbet“ genannt.

„Musahiplik“ (spirituelle Bruderschaft) ist eine eheliche Beziehung zwischen zwei gleichaltrigen Männern, vorzugsweise zusammen mit ihren Frauen. Das Wort „Musahip“ heißt auf Deutsch „spiritueller

Bild 54. Cem Ayini-Zusammenkunft – Ostanatolien

Bruder" oder „bester Mann". In einer Zeremonie in Anwesenheit eines Dede verpflichten sich die Parteien ein Leben lang, sich um die geistigen, emotionalen und körperlichen Bedürfnisse des anderen und ihrer Kinder zu kümmern. Die Bindungen zwischen Paaren, die diese Verpflichtung eingegangen sind, sind mindestens so stark wie bei Blutsfamilien, so dass „Musahiplik" oft als spirituelle Bruderschaft (manevî kardeşlik) bezeichnet wird. Kinder von Bundespaaren dürfen nicht heiraten.

Die Tahtacı-Aleviten identifizieren „Musahiplik" mit dem ersten Tor **(şeriat)**, da sie es als Voraussetzung für das zweite **(tarikat)** sehen. Wer das dritte Tor **(marifet, „gnosis")** erreicht, muss seit mindestens zwölf Jahren in einer Musahiplik-Beziehung gewesen sein. Das Betreten des dritten Tores löst die Musahiplik-Beziehung (die ansonsten zu Tode führt) in einer Zeremonie namens „Öz Verme Ayini" („die Zeremonie zur Selbstaufgabe") auf. Der Wert, der dem zweiten Tor entspricht (und notwendig ist, um das dritte zu betreten) ist „âşinalık" („Intimität", vielleicht mit Gott). Sein Äquivalent für das dritte Tor heißt „peşinelik", für das vierte Tor **(hâkikat, ultimative Wahrheit)**, „cıngıldaşlık" oder „cengildeşlik".

„Kirvelik" (Patenschaft) ist eine Form der rituellen gemeinsamen Elternschaft, die in Ostanatolien praktiziert wird und durch das islamische Ritual der Beschneidung etabliert wird. „Kirve" ist die Patin des Jungen durch Beschneidung. Sie hat keine formale Grundlage im Religionsrecht. Aus der vorislamischen Poesie ist bekannt, dass im frü-

Bild 55. „Halay"-Tanz bei der Beschneidung

hen Arabien der Brauch der Beschneidung existierte. Was die Religion angeht, praktizieren sowohl Angehörige verschiedener alevitisch-schiitischer Gruppen als auch sunnitische Muslime „Kirvelik". Unter Aleviten (zazaisch, türkisch und kurdisch) wird diese Praxis besonders geschätzt. Beschneidungszeremonien werden mit Pomp und Umstand gefeiert. Es wird Unterhaltung organisiert, die Leute tanzen den Kettentanz „halay", sie schießen mit Waffen, sie konkurrieren im Speerwerfen auf Pferden „cirit" und so weiter. Der Junge trägt immer eine weiße Militäruniform oder ein Prinzenkostüm, ein „Baby-General". Nach der Überlieferung der Aleviten legte der Prophet Muhammad bei der Beschneidung seiner Enkel Hasan und Hüseyin großen Wert auf diese rituelle Beziehung. Daher glauben sie, dass das Blut der Imame (Hasan und Hüseyin) zwischen Sponsor und Sponsor fließt.

Bild 56. Viele Geschenke für den Jungen vor der Beschneidung

„Kirvelik" beinhaltet drei Schlüsselelemente (1) den Übergangsritus, der mit der Beschneidung eines männlichen Kindes (normalerweise zwischen sieben und zwölf Jahren) verbunden ist, (2) die zwischen den Teilnehmern hergestellten sozial-spirituellen Bindungen und (3) Patenschaft. Das Verhältnis „Kirvelik" hat mehrere grundlegende Eigenschaften. Es ist ähnlich wie Verwandtschaft, aber freiwillig gebildet. Die Beziehung zwischen den beiden Familien besteht aus Vertrauen, gegenseitiger Hilfe, enger Freundschaft und Respekt. Rechte, Pflichten und Haftungserklärungen zwischen dem Paten und dem Kind sind parallel zu Vater und Sohn. Der Sponsor trägt die Verantwortung für die Beschneidungskosten des Jungen, für Erziehung, Bildung, Wohlbefinden und Heirat. Im Gegenzug hat der Junge dieselbe Loyalität, Gehorsam, Respekt und Zuneigung, die er seinem eigenen Vater entgegenbringt. Die Menschen behaupten, es sei schändlicher, seinem „Kirve" nicht zu gehorchen oder es nicht zu respektieren als seinen Vater. Das Inzest-Tabu wird auf beide Familien ausgedehnt. Während der Patenjunge seinen Cousin heiraten kann, darf er die Nachkommen des Paten nicht heiraten oder sexuelle Beziehungen haben.

Im Todesfall versammeln sich Verwandte und Bekannte drei Tage nach der Beerdigung, um dem Verstorbenen zu gedenken und das Andenken zu ehren. Enge Familienmitglieder tragen vierzig Tage lang Trauer als Zeichen des Respekts. Männliche Familienmitglieder dürfen sich vierzig Tage lang nicht rasieren. Heutzutage werden die Teilnehmer (optionale Kleidung) am Tag der Beerdigung und vierzig Tage nach der Beerdigung zum Essen (Fleischgerichte) eingeladen. Bevor das Grab des Verstorbenen geschlossen wird, wird etwas Geld für die Beerdigung ausgegeben. Diese Münzen sind zwischen dem Hodja und den Gräbern aufgeteilt. Bei den Alevi-Zazas ist es Tradition, im Frühjahr den Friedhof zu besuchen und Essen zu verteilen, eine Tradition namens „Errichtung des Grabsteins“. Dies geschieht in der Überzeugung, dass es dem Verstorbenen zugute kommt. Zu Beginn des Sommers erheben die Familien die Grabsteine ihrer im Winter und Herbst verstorbenen Angehörigen. An einem Tag, der normalerweise in der ersten Juniwoche festgelegt wird, gehen alle Männer, Frauen und Kinder der Dörfer in ihren schönsten Kleidern zum Friedhof. Sie bringen Fleisch von den geopferten Tieren, zubereitete Speisen mit verschiedenen Köstlichkeiten sowie mitgebrachte Süßigkeiten wie Donuts, Kekse, Muffins und Helva. Jeder setzt sich auf die Gräber seiner Angehörigen, legt Blumen nieder, küsst die Grabsteine und betet unter Tränen. Am Ende der Zeremonie verteilen die Dorfbewohner alle mitgebrachten Speisen und Kuchen an die versammelten Menschen und Kinder. Ihre Verwandten erinnern sich lange an ihre Vergangenheit. Beim gemeinsamen Essen verabschieden sich alle, indem sie die Grabsteine ihrer Angehörigen küssen. Dann kehren alle auf die gleiche Weise in ihr Dorf zurück. Nach der Zeremonie des Aufstellens der Grabsteine konnte die Ehefrau oder der Ehemann des Verstorbenen die Erlaubnis zur Wiederverheiratung erhalten.

Bild 57. Zaza-Grabstein – Erzincan

Im Alevismus gibt es eine Drei-Mann-Hierarchie und Mürşit ist der Hohepriester (Orden Scheich), Pir erhält Befehle von Mürşit und Rayber erhält Befehle von Pir. Einmal im Jahr erscheinen die geistlichen Führer als Mürşit, Pir oder Rayber (nicht gleichzeitig), um Tribute (Gaben) zu sammeln, auf Zazaisch „Çıralık" und auf Türkisch „Hakkullah". Dann wusch man ihm die Füße (ohne Seife) und wir tranken dieses Weihwasser, um in Zukunft gesund zu bleiben. Der Tribut (Çıralık) kann in Form von Geld, Haustieren oder Waren erfolgen. Die Ware umfasst alles vom Zigarettenanzünder bis zum Fahrzeug. Spirituelle Führung wird vom Vater an den Sohn vererbt. Die Rhetorik der Aleviten über die Gleichstellung der Geschlechter lautet im Allgemeinen, dass nur Männer solche Führungsrollen bekleiden dürfen. Die Tributgeber heißen „Talip" und die spirituellen Tributempfänger „Dede/Seyit". Jeder Dede hat eine Reihe von Talip-Familien. Gewöhnliche Aleviten (das Talip-Volk) wären aufgrund bestehender Familienbeziehungen einer bestimmten Dede-Familie (aber nicht anderen) verpflichtet. Bei der Zeremonie, die Tribut empfängt, steht die Familie Talip in der Peymançe-Position (in der gebeugten Position wird der rechte große Zeh auf den linken großen Zeh gelegt), um Dede „Çıralık" zu überlassen, in dem jeder seine Füße und seine Hand küssen sollte. Ein Dede kann auf eigene Initiative beantragen, welche Form von Çıralık (Geld, Waren oder Haustiere) es sein soll, unter solchen Umständen sollte der Talip nicht protestieren. In allen Formen ist ein Dede/Seyit eine übernatürliche Figur und unabhängig vom Alter ist es eingeschlossen, dass alle Talip-Individuen (menschliche Figur) großen Respekt haben sollten, indem sie seine Hand küssen. Dede-Familien (Mürşit, Pir oder Rayber) besitzen grundsätzlich keine Landgüter, können jedoch Vieh besitzen. Ihre einzige Einnahmequelle sind Tribute (Çıralık) von ihren Talip-Familien. Es ist strengstens verboten, Dede/Seyit und Talip zu heiraten.

Im Kielwasser der Urbanisierung ab den 1980er Jahren und des sozialistischen Einflusses, der die Dede-Menschen misstrauisch betrachtete, wurde die alte Hierarchie weitgehend abgebaut. Tribute (Gaben) sind überwiegend abgeschafft. Viele Dede-Menschen erhalten inzwischen Gehälter von alevitischen Kulturzentren, die ihnen zweifellos untergeordnet sind. Solche Zentren haben keine sozialen Unternehmungen oder Beratungen mehr, wie das alte Ritual der Versöhnung, sondern betonen außer diesen musikalischen (Saz) und tänzerischen Darbietungen (Semah). Dede-Menschen werden jetzt auf freiwilliger Basis kontaktiert und ihre Rolle ist klarer geworden – beschränkt auf religiöse Rituale, Forschung und Beratung.

Von den etwa 220 Zaza-Stämmen sind zwölf Stämme von „Evladî-Resul“ (Nachkommen des Propheten). Der Legende nach sind Evladî-Resul Nachkommen des Propheten Mohammed. Es ist jedoch anzumerken, dass es für diese Legenden keine historisch verlässliche Grundlage gibt. Diese zwölf Dede-Stämme, auf Türkisch „Ocak“, sind Kureyş, Baba Mansur, Derviş Cemal, Ağu İçen, Sarı Saltık, Dede Karkın, Hıdır Abdal, Şeyh Ahmed, Üryan Hızır, Sinemilliler, Pir Sultan und Seyit Sabun. Alle diese zwölf Stämme sind in DNA-Tests vertreten. Zwischen den Zazas und den Stämmen von Evladî-Resul wurde bei den ethnischen Schätzungen kein Unterschied festgestellt. Spuren von diesen Nachkommen des Propheten Mohammed wurden durch DNA-Tests nicht entdeckt. Ich muss zugeben, dass es eine gewisse Enttäuschung gibt – ich hatte auf ein klares Ergebnis gehofft.

Kureyş (Quraish) ist eine Beduinengruppe aus Nordarabien im 5. Jahrhundert. Der Prophet Muhammad gehörte zu einem der weniger bedeutenden Clans innerhalb von Kureyş, hatte keine mächtige Familie und keinen eigenen Reichtum. Wenn es eine Verbindung zwischen dem Clan des Propheten Mohammed Kureyş und dem Zaza-Stamm Kureyş gibt, wird die Nachwelt es nie erfahren. Handfeste Beweise für die Behauptung fehlen völlig. Die alten Wahrnehmungen sind mit fiktiven Tatsachen in die Geschichte eingegangen. Die Abstammung der Dede-Stämme ist durchaus eine zweifelhafte Annahme. Es ist an der Zeit, Schlussfolgerungen zu ziehen und die Spur zu ändern – die historischen Szenarien geben keine eindeutige Antwort und die Herkunft von Imam Ali wird in Frage gestellt. Fast 1.400 Jahre lang zahlten die Aleviten (Talip-Volk) große Geldsummen, tranken ihr Waschwasser von den Füßen und küssten ihre Füße und wurden aus gutem Grund zu dem Glauben gebracht, dass sie Nachkommen des Propheten Mohammed seien. Alle im Nahen Osten sind Nachkommen des Propheten Mohammed, aber keiner trägt sein Genom.

Zahlreiche Rituale der Sumerer haben sich im Zaza-Volk vertieft. Einige Beispiele sind das Semah-Ritual, die Zwölf Führungskräfte und Amulette gegen das Böse und so weiter. Der „kleine Mann“ musste an seiner privaten Göttlichkeit festhalten und sich durch Gebete und Amu-Briefe so gut es ging vor Unfällen und vor dem Bösen schützen.

Bild 58. Die Zwölf Führungskräfte ca. 2000 v. Chr. – Anatolien

Das Volk der Zaza hat viele Elemente aus dem Zarathustraismus übernommen. Vieles gibt Anlass zu der Annahme, dass der Zarathustraismus als eine Art Restreligion in den Zaza-Aleviten überlebt. Zum Beispiel gilt der Sonnenaufgang (Licht) als heilig, göttlich und unantastbar. Darüber hinaus sind **„Jâr"** heilige Bäume, Wasserquellen, Felsen und Steinhaufen, die bedeutende Pilgerziele sind. Ein Jâr (Çâr) ist ein heiliges Objekt der Natur, mit dem sich die Menschen auf mysteriöse Weise verbunden fühlen. Es entstand in der Natur und wurde nicht vom Menschen geschaffen. Ein Baum darf nicht gefällt und angezündet werden, ein Felsen darf nicht gebrochen werden und ein Steinhaufen bleibt unberührt. Besucher beten nicht an einem Jâr, sondern haben großen Respekt vor ihm und küssen ihn. Von Männern, Frauen und Kindern wird erwartet, dass sie sich beim Besuch eines Jâr in ihrer schönsten Kleidung kleiden.

Bei einem Besuch in Jâr wird ein Tier „Kurban" geopfert, das geschlachtet und dessen Fleisch an die Teilnehmer und die Dorfbewohner gespendet wird. Der Rest wird für die Familienfeier vorbereitet, zu der Verwandte und Freunde eingeladen werden. Das Opfertier muss bestimmte Alters- und Qualitätsstandards erfüllen, ansonsten gilt das Tier als inakzeptabel für das Opfer. In der Regel muss es mindestens zwei Jahre alt sein. Das Kamel muss jedoch mindestens fünf Jahre alt sein. Geflügel gilt nicht als Opfertier. Die Menschen sollen an diesem Tag miteinander versöhnt werden, hauptsächlich mit ihren Eltern, dann mit ihren anderen Familienmitgliedern und Freunden. Anstelle von Opfertieren wird den Teilnehmern und Dorfbewohnern bei einem

Besuch in Jâr ein Stück Brotkuchen „Lokma“ gespendet. Der Jâr-Kult kommt auch bei den Zaza-Goranî in den östlichen Teilen des Zagros-Gebirges im Nordwesten des Iran vor.

Bild 59. Amulett gegen das Böse

Im heiligen Buch des Zarathustraismus Avesta und dem Epos „Shahnameh“ heißt es, dass Zarathustra in Kaschmar im Nordosten des Iran zu Ehren seines Schutzpatrons Vishtaspa eine Zypresse gepflanzt hat. Nach einigen Quellen war der Baum schon zu Zarathustras Lebzeiten ein Wallfahrtsort. Die Zypresse von Kaschmar wurde 861 auf Befehl des abbasidischen Kalifen Al-Mutavakkil gefällt, weil er den Baum als Quelle des Götzendienstes betrachtete und gegen den Islam kämpfte. Er ließ den Baum fällen und nach Samarra in den heutigen Irak transportieren. Im kargen Ostanatolien sind viele Gebiete baumlos. Anstelle des heiligen Baumes der Zypresse wählten die Aleviten Felsen, Steinhaufen oder Wasserquellen.

Die Unterscheidung nimmt somit den Unterschied zwischen Religionen, die innerhalb eines Volkes oder Staates leben und gelten, und anderen, deren Ziel die weltweite Verbreitung und Anhängerschaft unter allen Völkern ist, zur Kenntnis. Mit unterschiedlichen Schwerpunkten und unterschiedlichen Wirklichkeitsdeutungen kann die Grenzlinie auch in Begriffen wie Naturreligion und prophetischer Religion Zarathustraismus festgelegt werden.

Es gibt viele Fragmente des Schamanismus oder „Tengrismus“ unter dem Zaza-Volk. Eines davon ist, wenn ein Verwandter schwer erkrankt ist, man sich ein Seil um den Hals legt und im Mondlicht darum betet, dass Gott die sterbenden Kranken heilt. In Anwesenheit eines Dede bei einem Cem-Treffen soll die gängigste rhythmische Musik mit Saz- und Deyiş-Gesang den Übergang in den Trance-Zustand erleichtern, in dem die Reise in die Geisterwelt/Traumwelt stattfindet. Mit Bändern geschmückte Wunschbäume zeugen von großem Respekt bei den Aleviten in den Provinzen Tunceli, Bingöl und Elazığ.

BRAUCHTUM UND KULTUR

Die große Szene der neolithischen Agrarrevolution war der von Anatolien. Vom Übergang vom Mesolithikum zum Neolithikum (ca. 10000–9000 Jahre v. Chr.) bis ca. 5000 v. Chr. wurde Einkornweizen über eine Region von Anatolien bis Süd- und Mitteleuropa, westwärts Richtung Atlantikküste verbreitet. Vor etwa 11.500 Jahren wurden im Nahen Osten die acht neolithischen Gründerernten (auf Englisch „founder crops"), Einkornweizen, Roggen, Gerste, Erbsen, Linsen, Wicken, Kichererbsen und Flachs angebaut. Schafe und Ziegen wurden in Mesopotamien vor 13.000 bis 11.000 Jahren domestiziert. Rinder wurden vor etwa 10.500 Jahren von den wilden Auerochsen in den Gebieten Anatoliens und Pakistans domestiziert.

In Mesopotamien wurde nach jüngsten Beobachtungen bereits vor 7.000 Jahren mit der Kanalisierung von Flusswasser am Oberlauf von Euphrat und Tigris und ihren Nebenflüssen begonnen. Aber es geschah in einem Ausmaß, das für die Dorfgemeinschaft oder sogar für die einzelne Familie gut erreichbar war. Die allmähliche Eroberung der Flusstäler ist nicht der einzige Beitrag der Landwirtschaft zur Entstehung von Hochkulturen. Neue Ernten wurden ebenfalls hinzugefügt und erhöhten sowohl die Lebensgrundlage als auch den Bedarf an

Bild 60. Ein zwölfjähriger Bauer – Dılav Köyü/Erzincan

Handel.

Im Grunde hat sich das Zaza-Volk an Landwirtschaft, Viehzucht und Handwerk gehalten. Die Zazas sind ständige Siedler und passen als Nomadenvölker nicht in die Vorlage anders als die Kurden, die ein Nomadenvolk sind und mit ihren Weidetieren von Berg zu Berg wandern. Die Dorfbewohner hatten und haben noch ihre kleinen Felder und Wiesen, die in alle Himmelsrichtungen verstreut sind. Es war ein sehr karges und elendes Ackerland mit sehr kargen Böden. Es gab ein Verhältnis von eins zu zwölf zwischen Saat und Ernte. Wenn die Zazas Getreide anbauten, legten sie Kanäle oder Gräben an, die sie mit Wasser aus den Flüssen in ihrer Nähe füllten. Die Felder wurden mit einem **Häufelpflug** (primitiven Holzpflug) gepflügt, der mit zwei Ochsen getrieben wurde. Die Dorfbewohner bauten Roggen, Weizen, Gerste, Hirse, Hafer, Linsen, Kichererbsen, Futterwicke und so weiter an. Darüber hinaus bauten die Bauern in den Tiefebenen Hülsenfrüchte, Rüben, Wassermelonen, Tomaten, Weintrauben, Maulbeeren, Aprikosen, Pfirsiche und so weiter an. Die Saatkörner wurden vor der Aussaat mit Kupfersulfat (sehr giftig) abgeweidet. Die Milchproduktion fand nur im Sommer statt, während im Winter alle Euter der Tiere austrockneten. Ochsen wurden als Zugtiere für die Pflüge und Karren sowie zur Fleischproduktion gehalten. Kühe, Schafe und Ziegen lieferten Milch, Fleisch, Fett, Wolle und Ziegenhaar.

Der Schmied wurde dem Zaza-Volk um 2500 v. Chr. bekannt. Die Menschen waren hauptsächlich Bauern und Handwerker, darunter

Bild 61. „Lavaş“-Fladenbrotbäcker – Dılav Köyü/Erzincan

vor allem die Schmiede. Die Schmiede führten die traditionelle Eisenbearbeitung fort. Die Bauern hatten Eisenhütten als Winterarbeit, wenn die Landwirtschaft ruhte. Die kleinen Städte, die für ihre Eisenschmiedekunst berühmt sind, sind Kığı, Hınıs, Varto, Palu und Mazgirt. Ostanatolien war während der Hethiter ein frühes Zentrum für die Entwicklung der Eisenerztechnologie. Zum Beispiel wurden Eisenäxte, Eisenhacken, Eisenpfeilspitzen, Eisenscheren, Eisensicheln, Eisensensen, Eisenmesser und Eisenpflugscharen hergestellt. Kığı war vor allem für die Herstellung von Eisensicheln, Eisensensen und Eisendechseln bekannt. Schmiedeeisen hat eine tiefe prähistorische Verankerung in der Zaza-Kultur. Am meisten geschätzt wurden Pflugscharen, Sicheln, Messer und Äxte.

Wie die Eisenproduktion in der Antike ablief, ist eine offene Frage. Das Eisen hat einen Schmelzpunkt von 1538 °C. In einer Esse kann die Temperatur maximal 1200 °C erreichen. Die Esse wird mit Holzkohle befeuert und mit Hilfe eines Blasebalgs oder eines Ventilators forciert mit Luft versorgt. In einen hermetischen Tiegel werden Eisenerz und Holzkohle gegossen, die Temperatur kann 1650 °C erreichen. Das Wort für Eisen ist in Avestisch (Altpersisch) **„aêšma“** (Wut). Das bedeutet, dass die Götter den Menschen Eisen in Form von Meteoren gegeben haben. Die ältesten Objekte in Sumer und Ägypten aus meteorischem Eisen stammen aus dem Jahr 4000 v. Chr., erst 2.500 Jahre später konnte aus Erz Eisen hergestellt werden. Meteoritisches Eisen zeichnet sich durch seinen hohen Nickelanteil aus. Es kommt jedoch selten in reiner Form vor, sondern oft in Verbindungen mit Sauerstoff. Eine wesentliche Klasse sind Eisenoxidminerale wie Hämatit (Fe_2O_3), Magnetit (Fe_3O_4), Siderit ($FeCO_3$) und Goethit (FeOOH), die die bedeutsamsten Erze für Eisen darstellen. Die erste Eisenproduktion begann Mitte der Bronzezeit, aber es dauerte meh-

Bild 62. Bäuerinnen – Dılav Köyü/Erzincan

rere Jahrhunderte, bis Eisen durch Bronze ersetzt wurde. Proben von geschmolzenem Eisen aus Asmar in Afghanistan, Mesopotamien und Tall Chagar Bazar in Nordsyrien wurden irgendwann zwischen 3000 und 2700 v. Chr. hergestellt. Die Hethiter gründeten um 2500 v. Chr. ein Reich in Anatolien. Sie scheinen die ersten zu sein, die die Gewinnung von Eisen aus Erzen verstanden haben, und das bedeutet viel in ihrer Gesellschaft. Die Hethiter begannen zwischen 1500 und 1200 v. Chr. Eisen zu schmelzen, und die Praxis breitete sich auf den Rest des Nahen Ostens aus, nachdem ihr Reich 1180 v. Chr. untergegangen war. Die nachfolgende Periode wird Eisenzeit genannt. Artefakte aus geschmolzenem Eisen wurden im Nahen Osten seit etwa 1500 v. Chr. gefunden, was auf eine Verhüttung in Anatolien hindeutet. Isotope im Metall verraten, dass das Eisen aus Ostanatolien stammt.

Bild 63. Steinhandmühle – Erzincan

Es gibt mehrere mögliche Erklärungen für die Eisenproduktion. Es war wichtig, das Eisenerz von Verunreinigungen zu befreien. Dies geschah durch Erhitzen und Verarbeiten. Eine Hypothese ist, dass Eisenocker ($FeOOHnH_2O$) und Holzkohle in einen Tonofen (Grubenofen) gegossen wurden und Holzkohle, die zu Eisen verbrennen durfte, sowie Schlacke in den Grubenofen fielen. Anschließend wurde mit Hammer und Vorschlaghammer gearbeitet, um möglichst viel Schlacke zu entfernen. Eine andere Möglichkeit ist, dass das Zaza-Volk bei der Herstellung von Eisen Flussmittel verwendet haben könnte. Flussmittel sind Stoffe, die verwendet werden, um den Schmelzpunkt eines Stoffes zu senken und ihn flüssiger zu machen. Die in Zazadiyar am häufigsten vorkommenden Flussmittel sind Natriumcarbonat, Kaliumcarbonat, Borax, Salmiak und Halogenverbindungen (Jod, Chlor, Fluor, Brom, Astat und so weiter). Pülümür in Tunceli ist sehr reich an Salzquellen. Eine dritte Alternative besteht darin, dass das Goethit-Mineral (FeO-OH) bei 850 °C Gluthitze die Hydro-

Bild 64. „Tandır“-Backofen – Tunceli

xylgruppe (-OH) verliert, was dazu führt, dass Wasser entfernt wird und das glühende Eisen (Fe) zurückbleibt. Durch Heißhämmern konnten sie dann das glühende Eisen zu verschiedenen Gebrauchswerkzeugen formen.

Bild 65. Butterfass 3000 v. Chr. – Amasya

In Ostanatolien treten vielerorts in Tunceli, Divriği, Hekimhan und Maden bis zu 15 cm lange trigonale Kristallstrukturen von Hämatitmineralen auf. Nach einigen Behauptungen könnte das Zaza-Volk diese Hämatitkristalle mit Schweißtechnik in der Gluthitze der Schmiede zusammenschmieden. Fugentechniken waren in der Antike in ganz Anatolien weit verbreitet. Vor allem passierte es, wenn ein Stück Eisen in zwei Teile zerbrochen und damals bei hoher Temperatur zusammengeschmiedet wurde. Noch heute ist die Breitechnologie in Ostanatolien weit verbreitet.

Im Zusammenhang mit der sumerischen Hochkultur erhielt das Zaza-Volk der Sumerer Steinkunst, insbesondere Gravuren von Sarkophagen. Grabsteine in Form eines großen Widders tauchten jedoch in den Provinzen Erzincan, Tunceli, Bingöl und Elazığ erstmals im 8. Jahrhundert auf. Die Einteilung des Tages war zweimal zwölf Stunden. In der Antike benutzte das Zaza-Volk einen 12-Tier-Almanach. Es hatte auch ein Zahlensystem mit der Zahl 60 als Basis.

Bild 66. Zazaischer Friedhof – Pülümür/Tunceli

EINE NEUE EPOCHE

In letzter Zeit ist viel passiert. Die Dörfer in Ostanatolien sind heute weitgehend verlassen und in Trümmern. Aufgrund der schlechten wirtschaftlichen Lage in den Zaza-Gebieten sind Menschen in türkische Städte ausgewandert. Heute sind die Dörfer leer und es gibt keine Spuren der Kerpiç-Häuser. Felder, Wiesen und Waldhaine sind verwildert. Die neuen Bewohner sind Braunbären, Wildschweine, Wölfe und Vögel, kein Mensch traut sich dorthin. Eine Entwicklung in der Landwirtschaft hat bisher nicht stattgefunden. Die leerstehenden zazaischen Dörfer werden nun von türkischen Behörden als Weiden an nomadische Kurden **„Şafaklar“** vermietet. Heutzutage dürfen die Zazas keine Waldhaine besitzen, diese sind Eigentum des türkischen Staates. Wiesen und Felder in Waldhainen dürfen von den Dorfbewohnern bewirtschaftet werden. In den frühen 1960er Jahren änderte die türkische Regierung die Namen aller Dörfer mit zazaischen und armenischen Namen. Jetzt tragen alle Dörfer türkische Namen.

In den letzten Jahren gab es weitere Veränderungen. Wichtige

Bild 67. Ein entvölkertes Zaza-Dorf – Ostanatolien

Bild 68. Ruinen des Dorfes Dılav Köyü – Erzincan

Sprachen wie Türkisch, Mobil- und Arbeitssprachen (Englisch, Französisch, Deutsch und so weiter) übernehmen immer mehr. Die jüngere Generation kann nicht mehr mit unseren älteren Frauen kommunizieren, die nur Zazaisch sprechen. Unsere Gesellschaft ist zerrissen. Die Türkei ist die Heimat verschiedener anatolischer Sprachen, Kurdisch, Zazaisch, Lasisch und Syrisch (Surayt Sprache). Alle sind von der Vernichtung bedroht. Die Muttersprache Zazaisch war spezifisch für ein geografisches Gebiet. Eine gut entwickelte Muttersprache erleichtert das Erlernen einer weiteren Sprache und von Zweitsprachen als Fremdsprachen. Auswanderer-Zazas sind über die ganze Welt verstreut und so wird die Sprache aussterben. Heute führen sie ein isoliertes Leben in verschiedenen Ländern. Darüber hinaus beeinflusst die Mischehe einige Faktoren einer Muttersprache. Das Volk der Zaza hat keine eigenen Ressourcen, um die Muttersprache zu retten. Ihnen fehlen eine eigene Schriftsprache, ausgebildete Lehrer, Lehrpläne, Grammatikbücher, Schulbücher, Lesebücher, Lehrmaterialien, Unter-

Bild 69. Ruinen von „Kerpiç"-Häusern – Erzincan

richtslokale und so weiter.

Fast die Hälfte der Sprachen der Welt sind vom Aussterben bedroht. Die meisten von ihnen werden von der UNO als Ursprachen eingestuft, die tiefe Quellen der Menschheitsgeschichte sind, die immer schneller zurückgehen. Trotz ihrer tiefen Wurzeln sind sie oft klein, isoliert und spezifisch für ein geografisches Gebiet. Gleichzeitig wachsen die großen Weltsprachen. Die 23 größten werden heute von etwa der Hälfte der Erdbevölkerung gesprochen. In der Weltsprache belegt Türkisch den 19. Platz und die Turksprachen (Turkic languages) den belegen 5. Platz. Dass große Sprachen ihre kleineren Nachbarn verschlucken, ist an sich ein natürlicher Vorgang. Eine Sprache gilt als ausgestorben, wenn kein lebender Mensch sie beherrscht. Die Verantwortung der Staaten zum Schutz indigener Völker und ihrer Kultur ist nicht immer international geregelt. Der Verlust ist besonders groß, wenn die Sprache nie dokumentiert wurde, zum Beispiel Zazaisch, und somit für die Nachwelt erhalten blieb. Die sprachliche Vielfalt der Welt ist eine unserer wichtigsten Wissensquellen über die unterschiedlichen Lebensbedingungen des Menschen, seine einzigartige Anpassungsfähigkeit. Eine verlorene Sprache ist ein enormer Wissensverlust für die Menschheit.

Bild 70. Strenger Winter – Erzincan

MEIN STAMMBAUM

Mein Stammbaum beginnt mit Cafer Ağa, der 1232 im Dorf Hormek in Dersim begraben ist, wodurch der Name unseres Stammes „Hormek“ entstand. Elf Grabsteine meiner Vorfahren, von Cafer Ağa (gestorben 1232) bis Gülabi Ağa (gestorben 1645), werden nach Elazığ Arkeoloji Müzesi gebracht. Das Todesjahr meines Urgroßvaters Muzur Teloğlu ist unbekannt. Im Zuge der Hungersnot während des türkisch-russischen Krieges von 1916 bis 1918 verließen die Eltern meines Großvaters Muzur Teloğlu und seine Frau Hava Teloğlu und der Bruder meines Großvaters İbrahim Teloğlu das Dorf **Dılav** in Erzincan, um in den Schwarzmeerstädten ihren Lebensunterhalt zu suchen. Sie verschwanden spurlos in der Geschichte von Teloğlu. Möglicherweise sind sie Straßenräubern zum Opfer gefallen.

Der große Stammbaum im Dorf Şorik in Varto wurde **1212** vom seldschukischen Sultan **Alaettin Keykubat** bestätigt. In diesem Stammbaum wird der Name von Cafer Ağa, Sohn von Melik Ağa, erwähnt. Cafer Ağa ließ sich nach seinem Vater in der Stadt Bağın nieder, indem er Mitglieder des Stammes in Erzurum und Erzincan aufnahm. **Bağın** ist eine sehr alte zazaische Stadt, die in einem breiten Tal des Flusses **Kığı-Peri** gegründet wurde, am Fuße des Tunceli-Gebirges liegt und nördlich des Bezirks **Karakoçan** verläuft. Laut Stammbäumen gibt es jetzt ein kleines Dorf in den Ruinen dieser großartigen Stadt.

Die Genealogie wurde aus dem Stammbaum des Dorfes Şorik im Jahr 1543 (hidschri 950) von Ali Ağa, dem Sohn von Malhas Bey, von Cafer Ağa bis Malhas Bey zusammengestellt. Ali Rıza Sayan **(„Tarihin Getirdikleri – 1978“)** von Teloğulları hat von Mustafa Bey bis Muzur Teloğlu zusammengestellt.

Mustafa Ağa, Sohn von Feraşat Bey, wurde 1725 (hidschri 1137) in der Tercan-Ebene von Faroğulları mit einem Gewehr getötet. Zu dieser Zeit wurden Şişhane-Gewehre hergestellt. **Teli Bey**, der Sohn von Mustafa Ağa, verließ 1788 (hidschri 1202) das Dorf Civrak (Nazımiye) und kam in den Bezirk Hoşnek von Kığı. Teli Bey wurde 1794 (hidschri 1209) erschossen. Teli Beys Söhne **Ali Teloğlu** und Hüseyin Teloğlu kamen in das Dorf Dılav im Kreis Selepür von Erzincan. Da sie sich mit einem seiner Verwandten, Ali Köse, nicht einigen konnten, verließen sie 1833 (hidschri 1249) das Dorf Dılav und gingen in das Dorf Hoçulu in Tunceli. Es war nicht möglich in diesem Dorf zu leben und sie wanderten in das Dorf Menükler in Kelkit aus. Hüseyin Teloğlu starb 1838 (hidschri 1254). Der Ort, an dem er geblieben ist, heißt Teloğlu Plateau und Teloğlu Begräbnisstätte. Ali Teloğlu starb 1843 (hidschri 1259) im Dorf Dılav. Ali Teloğlus Söhne İsmail-Koç Teloğlu, Haydar Teloğlu und **Muzur Teloğlu** ließen sich im Dorf Çamlık in der Nähe des Dorfes Dılav nieder. Als die Schafherden auf dem Berg von Ali Köses seit langem in Fehde geführten Verwandten, İsmail-Koç Teloğlu, und seinen Brüdern Haydar Teloğlu und Muzur Teloğlu mitgenommen wurden, nahmen sie ihre Waffen und töteten zwei Menschen aus Ali Köses Gruppe, die beschlagnahmten die Schafherde. Gülabi Ağa aus dem Dorf Civrak, ehemals Vermittlerin, vermittelte erneut Frieden zwischen ihnen und schenkte Ali Köses Verwandten ein Blutgeld in Form von zwei der sieben Güter, die Teli Bey, Großvater von İsmail-Koç, Haydar und Muzur, hinterlassen hatte. Er brachte diese drei Brüder zurück in das Dorf Dılav. Haydar Teloğlu ging zu den Söhnen seines Onkels Hüseyin Teloğlu in das Dorf Menükler (Yarbaşı) in Kelkit. İsmail-Koç Teloğlu starb 1853 (hidschri 1269) im Dorf Dılav. Sein Sohn Ali Teloğlu wanderte 1861 (hidschri 1278) in das Dorf Komga im Bezirk Başköy von Çayırlı aus. Zwei Söhne von Muzur Teloğlu, **Dursun Teloğlu** (geboren 1872, gestorben 1963) und İbrahim Teloğlu (Todesjahr ist unbekannt) blieben im Dorf Dılav.

Bild 71. Civrak Köyü – Nazımiye/Tunceli

Die Ursprünge des Zaza-Volkes basierend auf DNA

Cafer Ağa (- t. 1232 in Dersim)
↓
Kara Zeynel (- t. 1266 in Dersim)
↓
Beşir Bey (- t. 1302 in Dersim)
↓
Mümin Bey (- t. 1326 in Dersim)
↓
Zeynel Bey (- t. 1368 in Dersim)
↓
Aynal Bey (- t. 1402 in Dersim)
↓
Kara Yakup (- t. 1432 in Nazımiye)
↓
Malhas Bey (- t. 1473 in Nazımiye)
↓
Mustafa Bey (- t. 1552 in Nazımiye)
↓
Haydar Ağa (- t. 1610 in Nazımiye)
↓
Gülabi Ağa (- t. 1645 in Nazımiye)
↓
Feraşat Bey (- t. 1707 in Nazımiye)
↓
Mustafa Ağa (- t. 1725 in Tercan)
↓
Teli Bey (- t. 1794 in Erzincan)
↓
Ali Teloğlu (- t. 1843 in Erzincan)
↓
Muzur Teloğlu (- ????)/Hava Teloğlu ● Süleyman/Dilber ↔ Mitibey/Fatma ● Mehmet/Beser
↓
Dursun Güner (1872–1963)/Zarife Güner (1875–1946) ↔ Süleyman Balçık (1861–1937)/Elif Balçık (1864–1953)
↓
Abdullah Güner (1903–1955)/**Hatice Balçık** (1904–1951)
↓
Musa Güner

REFERENZEN

Ahl, Augustus William: *Outline of Persian History Based on Cuneiform Inscriptions*. Nashville 2018.

Akbulut, Yılmaz: *Bingöl Tarihi*. Ankara 1998.

Akgül, Suat: *Yakın Tarihimizde Dersim İsyanları ve Gerçekler*. İstanbul 1992.

Akgün, Hüseyin: *Dersim 1938 ve Zorunlu İskân*. Ankara 2011.

Aksoy, Bilal: *Tarihsel Gelişim Süreci İçinde Tunceli*. Ankara 1985.

Aksoy, Ömer Asım: *Atasözler ve Deyimler*. Ankara 1965.

Akurgal, Ekrem: *Anadolu Kültür Tarihi*. Ankara 2005.

Alford, Peter; Andrews, Ezel: *Türkiye'de Etnik Gruplar*. İstanbul 1992.

Alp, Sedat: *Hitit Çağında Anadolu*. Ankara 2002.

Alvarez-Mon, Javier; Basello, Gian Pietro; Wicks, Yasmina: *The Elamite World*. Oxford 2018.

Alvarez-Mon, Javier: *The Monumental Reliefs of the Elamite Highlands*. Sydney 2019.

Arakelova, Victoria: *The Zaza People as a New Ethno-Political Factor in the Region*. Iran & the Caucasus 1999.

Arslanoğlu, İbrahim: *Şah İsmail Hatayi ve Anadolu Hatayileri*. İstanbul 1992.

Arvasi, S. Ahmet: *Doğu Anadolu Gerçeği*. Ankara 1992.

Ascalone, Enrico: *Mesopotamia. Assyrians, Sumerians, Babylonians (Dictionaries of Civilizations)*. Berkeley 2007.

Aslandoğan, Seyyid İsmail: *Kaynakları ile Alevilik*. İstanbul 2009.

Aşan, Muhammet Beşir: *Elazığ, Tunceli ve Bingöl İllerinde Türk İskân İzleri*. Ankara 1992.

Atalay, Besim: *Bektaşilik ve Edebiyatı*. İstanbul 1991.

Balkız, Ali: *Sivas'tan Sydney'e Pir Sultan*. Ankara 1999.

Bardakçı, Cemal: *Kızılbaşlık*. İstanbul 1945.

Başbuğ, Hayri: *İki Türk Boyu Zaza ve Kurmançlar*. Ankara 1984.

Bayar, Celal: *Şark Raporu*. İstanbul 2006.
Bender, Cemşid: *Kürt Uygarlığında Alevilik*. İstanbul 1991.
Beşikçi, İsmail: *Doğuda Değişim ve Yapısal Sorunlar*. İstanbul 1969.
Bettinger, Blaine T.: *The Family Tree Guide to DNA Testing and Genetic Genealogy*. New York 2019.
Birdoğan, Nejad: *Anadolu ve Balkanlarda Alevi Yerleşmeleri*. İstanbul 1991.
Birdoğan, Nejad: *Anadolu'nun Gizli Kültürü Alevilik*. İstanbul 1990.
Birge, J. Kingsley: *Bektaşilik Tarihi*. İstanbul 1991.
Birge, J. Kingsley: *The Bektashi order of dervishes*. London 1937.
Bojs, Karin: *My European Family*. Stockholm 2018.
Bryce, Trevor: *Life and Society in the Hittite World*. Brisbane 2002.
Bulut, Faik: *Belgelerle Dersim Raporları*. İstanbul 1992.
Cahen, Claude: *Osmanlılardan Önce Anadolu'da Türkler*. İstanbul 1979.
Cahen, Claude: *Pre-Ottoman Turkey*. New York 1968.
Crawford, Harriet E. W.: *Sumer and the Sumerians*. Cambridge 2004.
Çınar, Erdoğan: *Aleviliğin Gizli Tarihi*. İstanbul 2015.
Dağlı, Muhtar Yahya: *Bektaşi Tomarı ve Nefesleri*. İstanbul 1935.
Dersimi, M. Nuri: *Kürdistan Tarihinde Dersim*. İstanbul 1994.
Durmuş, İlhami: *İskitler*. Ankara 1983.
Engin, İsmail; Franz, Erhard: *Aleviler/Alewiten*. Hamburg 2000.
Engin, Havva; Engin, İsmail: *Alevilik*. İstanbul 2004.
Eran, Cevat: *Bingöl'ün Yayladeresi*. İstanbul 2011.
Eröz, Mehmet: *Türkiye'de Alevilik Bektaşilik*. İstanbul. 1977.
Evliya Çelebi: *Seyahatnâme 1655*. İstanbul 1986.
Fırat, M. Şerif: *Doğu İlleri ve Varto Tarihi*. Muş 1945.
Fitzpatrick, Collen; Yeiser, Andrew: *DNA and Genealogy*. Fountain Valley 2005.
Gadd, C. J: *Dynasties of Sumer and Akkad*. Bury St Edmunds 2018.
Gerger, Adnan: *Dağların Ardı Kimin Yurdu*. İstanbul 2009.
Gezik, Erdal: *Dinsel, Etnik ve Politik Sorunlar Bağlamında Alevi Kürtler*. İstanbul 2014.
Gezik, Erdal: *Rayberler, Pirler ve Mürşitler*. Tunceli 2012.
Gippert, Jost: *Historical Development of Zazaic*. Frankfurt 1996.
Gökalp, Ziya: *Kürt Aşiretleri Hakkında Sosyolojik Tetkikler*. İstanbul 1992.
Gökalp, Ziya: *Türkleşmek-İslâmlaşmak-Muasırlaşmak*. İstanbul 1977.

Gökalp, Ziya: *Türk Medeniyeti Tarihi*. Ankara 1976.
Gölpınarlı, Abdülbâki; Boratav, Pertev Naili: *Pir Sultan Abdal*. İstanbul 1991.
Gölpınarlı, Abdülbâki: *Oniki İmamlar*. İstanbul 1970.
Gülensoy, Tuncer: *Doğu Anadolu Osmanlıcası*. Ankara 1986.
Gülensoy, Tuncer: *Türk ve Kürt Deyim ve Atasözleri*. Ankara 1994.
Gülşan, Hasan: *Pir Hacı Bektaş Veli ve Alevi-Bektaşiliğin Esasları*. İstanbul 1975.
Güner, Musa: *Zaza People's Origin Based on DNA*. Malmö 2021.
Güner, Musa: *DNA'ya Dayalı Zazaların Kökeni*. Malmö 2021.
Güner, Musa: *Zazafolkets ursprung baserat på DNA*. Malmö 2021.
Güner, Musa: *Turkisk Grammatik*. Malmö 1997.
Gürbüz, Macit: *Kürtleşen Türkler*. İstanbul 2007.
Halm, H.: *Die islamische Gnosis: Die extreme Schia und die Alawiten*. Zurich 1982.
Hamrin-Dahl, Tina: *Aleviter i Turkiet*. Uppsala 2006.
Hezarfen, Ahmet: *Osmanlı Belgelerinde Dersim Tarihi*. İstanbul 2003.
Hormekli, Orhan Veli: *Horasan'dan Göksun'a Hormekliler*. İstanbul 2009.
İnalcık, Halil: *The Ottoman Empire*. London 1975.
İnan, Abdulkadir: *Tarihte ve Bugün Şamanizm*. Ankara 2017.
İrat, Ali Murat: *Devletin Bektaşi Hırkası/Devlet, Aleviler ve Ötekiler*. İstanbul 2008.
İzady, Mehrdad R.: *Bir El Kitabı Kürtler*. İstanbul 2004.
Jandarma Genel Komutanlığı: *Zaza Aşiretler Raporu*. İstanbul 1970.
Jones, Dorian: *Alevi Turks concerned for Alawi 'cousins' in Syria/Globalization/DW*. Retrieved 2017.
Kafesoğlu, İbrahim: *Harezmşahlar Devleti Tarihi*. Ankara 1980.
Kafesoğlu, İbrahim: *Selçuklu Tarihi*. İstanbul 1992.
Kalafat, Yaşar: *Şeyh Sait*. İstanbul 1992.
Kaşgarlı Mahmud: *Divan-î Lugati-ût Türk*. Ankara 1985.
Kaya, Mehmed S.: *The Zaza Kurds of Turkey*. London 2018.
Kaya, Ali: *Dersim'de Dil ve Kökler*. İstanbul 2008.
Kaya, Ali: *Başlangıçtan Günümüze Dersim Tarihi*. İstanbul 2004.
Kaya, Ali: *Dersimde Kökler Doğa, İnanç, Kültür*. İstanbul 2004.
Kaya, Ali: *Deylem'den Dersime*. İstanbul 2001.
Kaya, Haydar: *Musahiblik*. İstanbul 1989.

Kaygusuz, İsmail: *İslam İmparatorlukları Tarihinde İktidar Mücadeleleri ve Aleviliğin Doğuşu*. İstanbul 2014.
Kaygusuz, İsmail: *Musahiplik*. İstanbul 1991.
Kaygusuz, İsmail: *Hünkar Hacı Bektaş Veli*. İstanbul 2001.
Kemali, Ali: *Erzincan*. İstanbul 1992.
Kershasp, P.: *Studies in Ancient Persian History*. London 2013.
King, Leonard W.: *A History of Sumer and Akkad*. London 2018.
Kingsley, Patrick: *Turkey's Alevis, a Muslim Minority, Fear a Policy of Denying Their Existence*. New York 2017.
Koca, Turgut: *Bektaşi Nefesleri ve Şairleri*. İstanbul 1990.
Kocadağ, Burhan: *Lolan Aşireti ve Yakın Çevre Tarihi*. İstanbul 2007.
Kocadağ, Burhan: *Doğuda Aşiretler, Kürtler, Aleviler*. İstanbul 2004.
Kocadağ, Burhan: *Alevi-Bektaşi Tarihi*. İstanbul 1998.
Konukçu, Enver: *Köroğlu'na Kadar Bingöl*. Ankara 1987.
Köhler, Wilhelm: *Evliya Çelebi Seyahatnamesinde Bitlis ve Halkı*. İstanbul 1989.
Kramer, Samuel Noah: *History Begins at Sumer*. Philadelphia 1988.
Kudat, Ayşe Sertel: *Kirvelik*. Ankara 1974.
Küçük, Hülya: *The Roles of the Bektashis in Turkey's National Struggle*. Leiden 2002.
Lerch, Peter: *Forschungen über die Kurden und die Iranischen Nordchaldäer*. St. Petersburg 1857.
Lloyd, Seton: *The Archaeology of Mesopotamia*. London 1978.
Mann, Oskar; Hadank, Karl: *Die Mundarten der Zaza hauptsächlich aus Siverek und Kor*. Leipzig 1932.
McDowall, David: *Modern Kürt Tarihi*. Ankara 2004.
Melikoff, Irene: *Hacı Bektaş: Efsaneden Gerçeğe*. İstanbul 1998.
Molineux, L.: *A Journey in Dersim*. London 1914.
Mutin, Benjamin; Lamberg-Karlovsky, C. C.: *The Proto-Elamite Settlements and Its Neighbors*. Cambridge 2014.
Nemet-Nejat, Murat; Rhea, Karen: *Daily Life in Ancient Mesopotamia*. London 1998.
Nuri, İhsan: *Kürtlerin Kökeni*. İstanbul 1977.
Ocak, Ahmet Yaşar: *Alevi Bektaşi İnanışlarının İslam Öncesi Temelleri*. İstanbul 2000.
Olsson, Tord; Özdalga, Elizabeth; Raudvere, Catharina: *Alevi Identity. Cultural, Religious and Social Perspectives*. İstanbul 1998.

Orhunlu, Cengiz: *Osmanlı İmparatorluğu'nda Aşiretlerin İskanı*. İstanbul 1987.
Oytan, M. Tevfik: *Bektaşiliğin İçyüzü*. İstanbul 1994.
Önder, Ali Tayyar: *Türkiye'nin Etnik Yapısı*. Ankara 2008.
Öz, Baki: *Osmanlı'da Alevi Ayaklanmaları*. İstanbul 1992.
Özcan, Mesut: *Dersim (Zaza) Atasözleri*. İstanbul 1992.
Özdemir, Ali Rıza: *ZAZALAR ve TÜRKLÜK*. Ankara 2016.
Özdemir, Ali Rıza: *ZAZALAR KÜRTLER ALEVİLER*. Ankara 2015.
Özkırımlı, Atilla: *Alevilik - Bektaşilik Edebiyatı*. İstanbul 1985.
Öztelli, Cahit: *Pir Sultan Abdal*. İstanbul 1989.
Pamukçu, Abubekir: *Dersim Zaza Ayaklanmasının Tarihsel Kökenleri*. İstanbul 1992.
Pomery, Chris; Jones, Steve. *DNA and Family History*. Toronto 2004.
Potts, Daniel T.: *The Archaeology of Elam*. Cambridge 1999.
Refik, Ahmet: *Anadolu'da Türk Aşiretleri*. İstanbul 1989.
Rişvanoğlu, Mahmut: *Doğu Aşiretleri ve Emperyalizm*. İstanbul 1992.
Rişvanoğlu, Mahmut: *Saklanan Gerçek: Kurmançlar ve Zazaların Kimliği*. Ankara 1994.
Sait, Baha: *Türkiye'de Alevi-Bektaşi, Ahi ve Nusayrî Zümreleri*. Ankara 2000.
San, M. Salih: *Doğu Anadolu ve Muş'un İzahlı Kronolojik Tarihi*. Ankara 1982.
Saraç, Necdet: *Alevilerin Siyasal Tarihi*. İstanbul 2010.
Say, Yağmur: *Anadolu Alevilerinin Tarihi*. İstanbul 2007.
Sayan, Ali Rıza: *Tarihin Getirdikleri*. İstanbul 1978.
Selcan, Zılfi: *Zaza Dilinin Gelişimi*. Berlin 2004.
Sevgen, Nazmi: *Zazalar ve Kızılbaşlar*. Ankara 1999.
Shindeldecker, John: *Turkish Alevis Today*. İstanbul 1996.
Sjölund, Peter: *Släktforska med DNA*. Stockholm 2015.
Sümer, Faruk: *Doğu Anadolu'da Türk Beylikleri*. Ankara 1993.
Sümer, Faruk; Sevim, Ali: *Malazgirt Savaşı*. Ankara 1993.
Şahhüseyinoğlu, Nedim: *Alevi Örgütlerinin Tarihsel Süreci*. Ankara 2001.
Şener, Cemal: *Türkiye'de Yaşayan Etnik ve Dinsel Gruplar*. İstanbul 2006.
Şener, Cemal: *Osmanlı Belgelerinde Dersim Tarihi*. İstanbul 2006.
Şener, Cemal; Miyase, İlknur: *Şeriat ve Alevilik: Kırklar Meclisi'nden Günümüze Alevi Örgütlenmesi*. İstanbul 1995.

Şener, Cemal: *Alevi Törenleri*. İstanbul 1991.
Şeref Han: *Şerefnâme 1597. Kürt Tarihi*. İstanbul 1998.
Şapolyo, E. Behnan: *Mezhepler ve Tarikatlar Tarihi*. İstanbul 1964.
Tahran, Taner: *Eski Çağda Kimmerler Problemi*. Ankara 1979.
Taneri, Aydın: *Harezmşahlar*. Ankara 1993.
Tankut, Hasan Reşit: *Zazalar Üzerinde Sosyolojik Tetkikler*. İstanbul 2000.
Tankut, Hasan Reşit: *Aleviliğin Menşei*. İçel 1938.
Teker, Mehmet: *Kürt Tarihinde Hormek (Alhas) Aşireti*. Ankara 2006.
Timuroğlu, Vecihi: *Dersim Tarihi*. Ankara 1991.
Toker, Metin: *Şeyh Sait ve İsyanı*. Ankara 2015.
Tosun, Halis: *Alevi Kimliğiyle Yaşamak*. İstanbul 2002.
Tosun, Mebrure; Yalvaç, Kadriye: *Sümer Dili ve Grameri*. Ankara 1981.
Trompf, Garry W.: *Ethno-Religious Minorities in the Near East: Some Macrohistorical Reflections with Special Reference to the Zazas. Iran & the Caucasus*. Sydney 2013.
Turan, Osman: *Selçuklular Tarhihi ve Türk-İslam Medeniyeti*. İstanbul 2008.
Türk, Hüseyin: *Nusayrilik*. İstanbul 2000.
Türkay, Cevdet: *Osmanlı İmparatorluğunda Oymak-Aşiret ve Cemaatlar*. İstanbul 1979.
Türkdoğan, Orhan: *Türk Toplumunda Zazalar ve Kürtler*. İstanbul 2010.
Türkdoğan, Orhan: *Alevi-Bektaşi Kimliği: Sosyal-Antropolojik Araştırma*. İstanbul 1998.
Uluçay, Ömer: *Alevilikte Cem Nefesleri*. Adana 1996.
Ulusoy, Celalettin: *Hünkâr Hacı Bektaş Veli*. Hacıbektaş 1986.
Vallat, François: *The History of Elam*. Caen 2010.
Vorhoff, Karin: *Zwischen Glaube, Nation und neuer Gemeinschaft: Alevitische Identität in der Türkei der Gegenwart*. Berlin 1995.
Yaman, Mehmet: *Alevilik İnanç, Edep, Erkân*. İstanbul 2013.
Yaman, Mehmet: *Alevilikte Cem*. İstanbul 2003.
Yaman, Ali: *Alevilikte Dedelik Kurumu ve İşlevleri*. İstanbul 1996.
Yaman, Ali; Aykan, Erdemir: *Alevism-Bektashism*. London 2006.
Yıldırım, Ali: *Başlangıcından Bugüne Alevi-Bektaşi Deyişleri*. Ankara 1997.
Yılmaz, Abdurrahman: *Tahtacılarda Gelenekler*. Ankara 1948.

Kulturwissenschaft / Cultural Studies / Estudios Culturales / Études Culturelles

Gabriele Steckmeister; Markus Kirschbaum (Hg.)
Sie gehen – und sie bleiben doch
Multikulturelle Trauerkulturen in Deutschland
Bd. 66, 2021, 240 S., 29,90 €, br., ISBN 978-3-643-25022-3

Hannah Müssemann
Das Land, in dem der Traum des Sozialismus weiterlebte
Die Wahrnehmung der DDR aus der Perspektive chilenischer Exilantinnen nach 1973
Bd. 65, 2021, 234 S., 24,90 €, br., ISBN 978-3-643-25064-3

Raffaele Sirri
Sant'Angelo so wie es war
Ein Dorf in Kalabrien vor hundert Jahren. Übersetzt und mit einem Nachwort von Sebastian Neumeister
Bd. 63, 2020, 80 S., 19,90 €, br., ISBN 978-3-643-14626-7

Samuel Ntewusu; Nina Paarmann (Hg/Eds)
Jenseits von Dichotomien. Beyond Dichotomies
Aspekte von Geschichte, Gender und Kultur in Afrika und Europa. Aspects of History, Gender and Culture in Africa and Europe. Festschrift Bea Lundt
Bd. 62, 2020, 662 S., 69,90 €, br., ISBN 978-3-643-14499-7

Almir Ibrić
Transkulturelle Automatismen
Philosophie – Kompetenz – Methoden
Bd. 61, 2020, 118 S., 16,80 €, br., ISBN 978-3-643-50976-5

Pierre Kodjio Nenguié
Afrikanische Präsenz in Deutschland – Zwischen Faszination, Interkulturalität und Ambivalenz
Postkoloniale Studien über die Beziehungen deutscher AutorInnen zu Schwarzafrika in den Werken von K. Edschmid, C. und Y. Goll, C. Einstein, B. Brecht und H. Paasche (1918 – 1960)
Bd. 60, 2022, ca. 448 S., ca. 49,90 €, br., ISBN 978-3-643-14401-0

Dorota Sieroń-Galusek; Łukasz Galusek
Borderland
On the re-birth of culture
Bd. 59, 2019, 204 S., 34,90 €, br., ISBN 978-3-643-91119-3

Samrat S. Kumar
Vrindavan's Encounter with Modernity
Changing Environment and Life-worlds in an Indian Temple Town
Bd. 58, 2019, 214 S., 29,90 €, br., ISBN 978-3-643-91079-0

Alina Dana Weber (Ed.), Margaret E. Wright-Cleveland (Associate Editor)
Performativity – Life, Stage, Screen
Reflections on a Transdisciplinary Concept
Bd. 57, 2018, 146 S., 29,90 €, br., ISBN 978-3-643-91057-8

LIT Verlag Berlin – Münster – Wien – Zürich – London
Auslieferung Deutschland / Österreich / Schweiz: siehe Impressumsseite

Lilia Uslowa
Hybride Ostidentität
Das wunderbare Gefühl angekommen zu sein. Fallgeschichten mit Bulgaren, DDR-Bürgern, Ostdeutschen, Künstlern und Akademikern
Bd. 56, 2018, 280 S., 29,90 €, br., ISBN 978-3-643-13976-4

Lorraine Kelly; Tina-Karen Pusse; Jennifer Wood (Eds.)
Gender. Nation. Text.
Exploring Constructs of Identity
Bd. 55, 2017, 268 S., 34,90 €, br., ISBN 978-3-643-90940-4

Dotsé Yigbe; Amatso O. Assemboni; Kuassi A. Akakpo (Éds./Hg.)
L'Afrique post/coloniale. Das post/koloniale Afrika
Enjeux culturels des études littéraires et historiques. Kulturwissenschaftliche Fragestellungen in Literatur und Geschichte
Bd. 54, 2018, 484 S., 44,90 €, br., ISBN 978-3-643-13809-5

Olena Prykhodko
Consumer Citizen as a Media Project
Dreaming the reality
Bd. 53, 2017, 452 S., 34,90 €, br., ISBN 978-3-643-90834-6

Simone Sattler
Soziale Integration durch Vereinssport
Eine lebensweltliche Untersuchung des Integrationspotenzials von Sportvereinen im Raum Basel
Bd. 52, 2016, 392 S., 54,90 €, br., ISBN 978-3-643-80216-3

Ute Falasch
Heiligkeit und Mobilität
Die Madāriyya Sufibruderschaft und ihr Gründer Badī' al-Dīn Shāh Madār in Indien, 15. – 19. Jahrhundert
Bd. 51, 2015, 296 S., 29,90 €, br., ISBN 978-3-643-12916-1

Elisabeth Schrattenholzer
MACHT macht SPRACHE – SPRACHE schafft WIRKLICHKEIT
Für ein Fundament ohne Fundamentalismus
Bd. 50, 2015, 224 S., 29,90 €, br., ISBN 978-3-643-50646-7

Gerlinde Malli; Susanne Sackl-Sharif (Hg.)
Im Schatten der Fassaden
Leben zwischen Verbot und Widerstand. Grazer Zwischenräume aus stadtsoziologischer Perspektive
Bd. 49, 2015, 184 S., 19,90 €, br., ISBN 978-3-643-50643-6

Klaus Dermutz
Die Spur der Suizidäre
Journal. Mit einem Vorwort von Prof. Dr. Thomas Teo
Bd. 48, 2014, 224 S., 19,90 €, br., ISBN 978-3-643-12695-5

Almuth Waldenberger
Die Hurenbewegung
Geschichte und Debatten in Deutschland und Österreich seit den 1970er Jahren
Bd. 47, 2016, 288 S., 29,90 €, br., ISBN 978-3-643-50597-2

Volker Kinzel
Der Löffel
Bd. 46, 2014, 328 S., 24,90 €, br., ISBN 978-3-643-12606-1

LIT Verlag Berlin – Münster – Wien – Zürich – London
Auslieferung Deutschland / Österreich / Schweiz: siehe Impressumsseite